20일에 끝내는

OPIc
Grammar
오픽 영문법 IM 공략

20일에 끝내는
OPIc
Grammar
오픽 영문법 **IM 공략**

초판 인쇄일 2015년 12월 21일
초판 발행일 2015년 12월 28일

지은이 김영실
발행인 박정모
등록번호 제9−295호
발행처 도서출판 혜지원
주소 (10881) 경기도 파주시 회동길 445−4(문발동 638) 302호
전화 031) 955−9221~5 **팩스** 031) 955−9220
홈페이지 www.hyejiwon.co.kr

기획 · 진행 김형진
디자인 김성혜
영업마케팅 김남권, 황대일, 서지영
ISBN 978−89−8379−877−0
정가 14,000원

이 도서의 국립중앙도서관 출판시도서목록(CIP)은 서지정보유통지원시스템 홈페이지(http://seoji.nl.go.kr)와
국가자료공동목록시스템(http://www.nl.go.kr/kolisnet)에서 이용하실 수 있습니다.(CIP제어번호: CIP2015032430)

20일에 끝내는

OPIc
Grammar
오픽 영문법 IM 공략

김영실 지음

혜지원

머리말

이 책은 OPIc 시험을 처음 준비하는 학습자, 특히 오랫동안 영어를 손 놓고 있다가 영어 시험을 위해 다시 한 번 심기일전해야 하는 초급 학습자를 위한 책입니다. 지피지기 백전백승이라고 하죠. OPIc이라는 시험도 알아야 하지만 영어라는 언어도 알아야 하고, 성인 초급 학습자인 여러분 자신도 이해해야 합니다.

OPIc 시험은 개인 맞춤형 평가입니다. 즉, 시험 내용에 대한 주제를 응시자가 정할 수 있다는 뜻입니다. 이는 OPIc 시험의 가장 큰 특징 중 하나입니다. 사전에 본인이 관심 있는 주제를 선정하여 다양한 내용으로 말하기 연습을 하는 것이 중요합니다. 하지만, 시중에 나와 있는 OPIc 수험서의 스크립트를 달달 외워서는 좋은 점수를 받을 수 없습니다. 기계적인 암기는 자연스럽지 않을뿐더러 다른 사람의 이야기이기 때문에 기억에 오래 남을 수도 없기 때문입니다. 따라서 언어의 기본 규칙인 문법을 이용해 스스로 문장을 만들 수 있는 힘을 기르는 것이 중요합니다.

다음은 언어 학습을 다시 한 번 생각해볼 필요가 있습니다. 영어를 배우는 것이 학습이라 생각하여 많은 사람이 영어에 대한 거부감을 가지는 경우를 볼 수 있습니다. 특히, 영문법은 영어 학습을 좌절시키는 가장 큰 요인 중 하나입니다. 그러나 영어는 학습이 아니라 의사소통을 위한 도구라는 것을 잊어서는 안 됩니다. 다른 사람들과의 의사소통을 위해 그 언어의 최소한의 규칙을 아는 것은 중요합니다. 그래서 이 책에서는 의사소통을 위한 최소한의 문법만 다루고 있습니다.

아이들이 언어를 배울 때 한 마디를 내뱉기 위해 처음 2~3년간은 다른 사람들의 말을 듣기만 합니다. 이런 듣기 활동을 통해 아이들은 어휘와 언어의 구조, 즉 문법 형식을 자연스럽게 터득합니다. 그렇게 되면 성인들처럼 힘들게 문법을 따로 배우지 않아도 되죠. 하지만 지금 이 책을 보고 있는 여러분은 분명 성인일 것입니다. 아이들이 언어를 배우는 것처럼 문법을 익히는 것이 가장 이상적이지만 이미 성인이 된 당신은 외국어만 공부하기에는 너무 바쁩니다. 그리고 영어 시험을 준비하는 성인이라면 더욱 시간이 없습니다. 그러나 다행인 것은 성인이기 때문에 아이들이 언어를 배울 때 반드시 소요되는 Input 기간을 상쇄할 수 있는 인지 능력과 이해력이 있다는 것입니다. 인지 능력과 이해력으로 외국어와 우리말의 차이를 알고, 이를 적용해 볼 수 있으므로 기간을 단축할 수 있습니다. 한 가지 더 필요한 것은 바로 연습입니다. 익숙한 것만 사용하고 싶은 욕구를 자제하고 서툴러도 계속 연습을 하는 것이 필요한 때입니다.

이 책의 목표는 OPIc 시험에서 Intermediate Low 또는 Mid 1 등급을 받는 것입니다. 그렇기 때문에 과감하게 문법의 복잡한 내용은 뺐습니다. 처음부터 완벽하게 바른 문장을 말할 수는 없습니다. 이 책에서는 여러분이 하나의 문장으로 말하도록 하는 것에 집중했습니다. 사소한 실수나 정교한 부분에 대한 오류는 영어 문장이 어떻게 구성되는지 이해한 후 학습할 부분입니다.
마지막으로 여러분이 영어라는 외국어에 좀 더 친숙해지길 바라며 영어를 통해 여러분이 원하는 바를 이루길 진심으로 바랍니다.

저자 김영실

이 책의 활용법

1. 어휘 쌓기

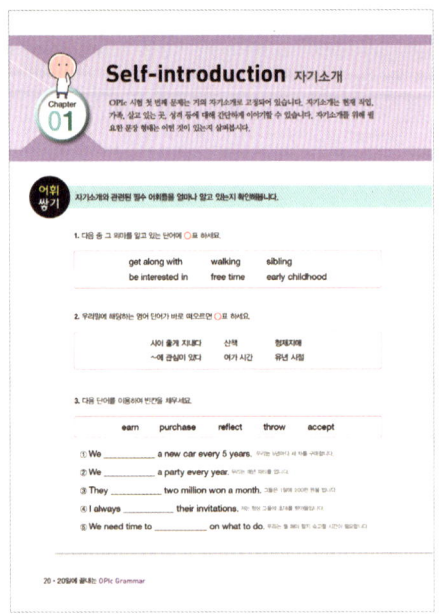

▶ 해당 Chapter의 OPIc 주제에 따른 필수 어휘들을 살펴봅니다. 어휘를 충분히 숙지해야 앞으로 다루는 예문들을 더욱 쉽게 이해할 수 있습니다.

2. OPIc 문제 살펴보기

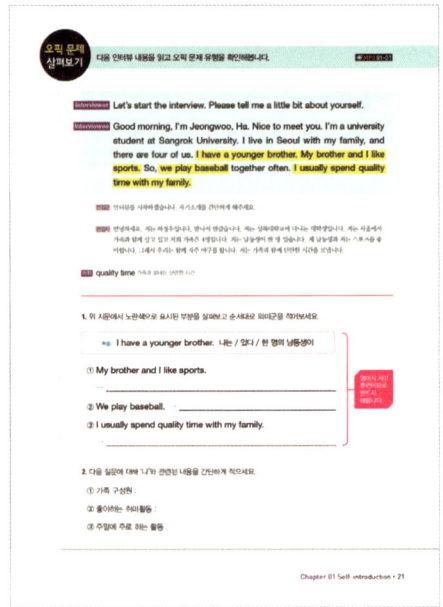

▶ OPIc 문제와 답변을 살펴보고 실제 문법이 어떻게 적용되었는지 알아봅니다. 또한, OPIc 주제에 대해 어떤 내용을 이야기할지도 생각해봅니다.

> 하루 한 개 Chapter씩 학습하여 20일 만에 마스터할 수 있도록 총 20개 Chapter로 구성했습니다.

3. 문법 체크

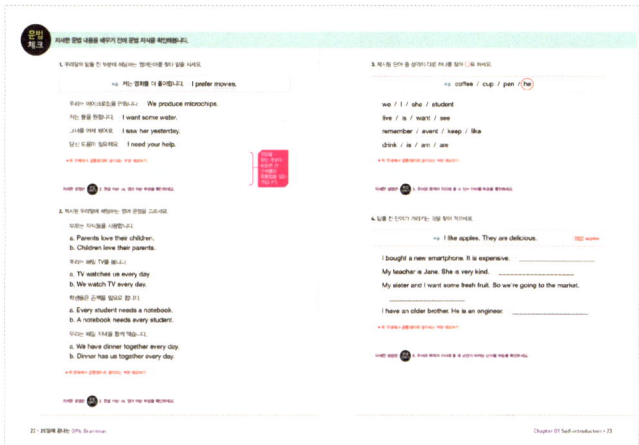

▶ 문법 내용을 더 잘 이해하기 위해 스스로 영어의 규칙을 찾아보고, 영어와 우리말의 차이도 생각해봅니다. 차이를 알아야 영어식으로 생각하는 데 도움을 받을 수 있습니다.

4. 문법 익히기

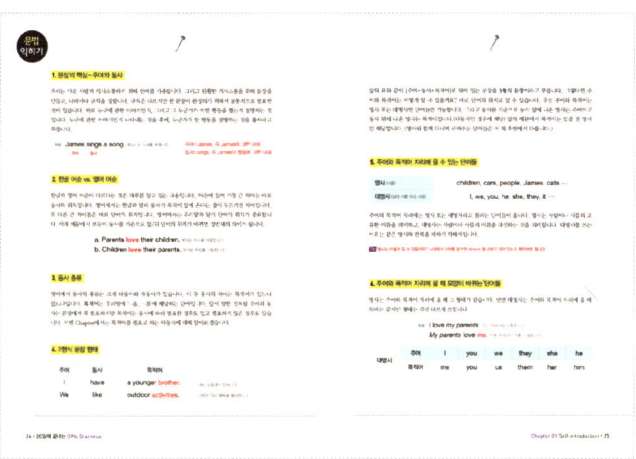

▶ 핵심이 되는 문법에 대한 설명입니다. 문법 내용을 이해하는 데 중점을 둡니다.

OPIc Grammar

5. 연습문제

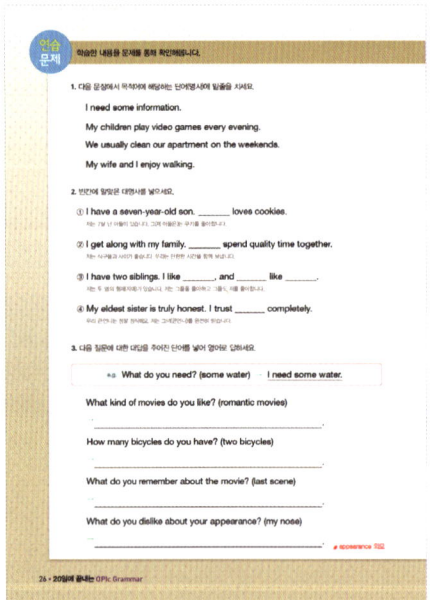

▶ 앞서 배운 문법 내용을 활용해 실제 문장에 적용해봅니다.

6. OPIc 빈출 표현

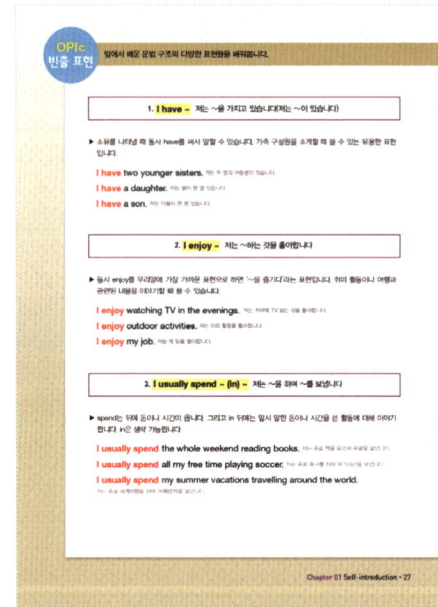

▶ 문법이 적용된 실제 회화에서 가장 자주 쓰이는 패턴을 연습합니다. 패턴이 어떤 식으로 만들어졌는지 이해한다면 확장이 더욱 쉬워집니다.

7. 모범답안 확인하기

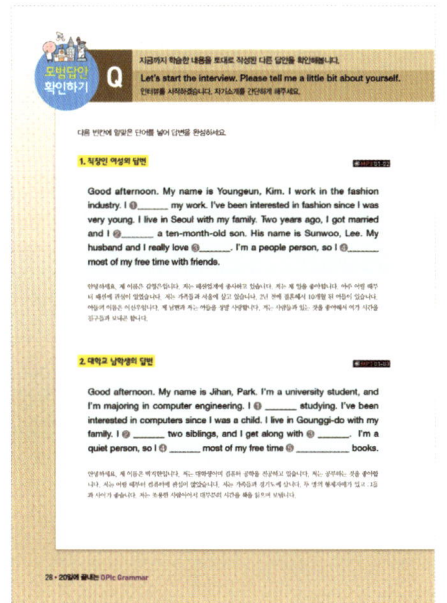

▶ 언어학습에 있어 다른 사람의 Output은 매우 중요합니다. 하나의 문제에 두 가지 답변을 살펴보면서 답변을 어떻게 했는지, 어떤 표현을 쓸 수 있는지 확인합니다.

8. OPIc 실전 연습

▶ 문제에 대한 답변을 직접 말해봅니다. 앞서 배운 내용들을 모두 통합해서 주어진 문제에 답해봅니다. 답변하는 것만으로 끝내지 않고 반드시 녹음한 후 들어봅니다.

OPIc(Oral Proficiency Interview - computer)은 면대면 인터뷰인 OPI를 최대한 실제 인터뷰와 가깝게 만든 iBT 기반의 응시자 친화형 외국어 말하기 평가로, 단순히 문법이나 어휘 등을 얼마나 많이 알고 있는가를 측정하는 시험이 아니라 실제 생활에서 얼마나 효과적이고 적절하게 언어를 사용할 수 있는가를 측정하는 객관적인 언어 평가 도구입니다. 국내에서는 2007년 시작되어 현재 약 1,600여 개 기업 및 기관에서 OPIc을 채용과 인사고과 등에 활발하게 활용하고 있습니다.

시험시간	40분 (시험 전 오리엔테이션 20분 별도)
문항 수	12~15문항 (레벨별 차등 : self-assessment에서 1, 2 단계 선택 시 12문제)
응시료	78,100원 (VAT 포함)
정기시험 응시일	정기시험은 수시로 있으며 www.opic.or.kr 홈페이지에서 확인 가능합니다.
성적 발표일	응시일로부터 3~5일 이내 성적 발표(근무일 기준)
평가등급	Advanced Low (AL) Intermediate High (IH) Intermediate Mid 3 (IM3) Intermediate Mid 2 (IM2) **Intermediate Mid 1 (IM1)** ─┐ **Intermediate Low (IL)** ─┘ **이 책의 목표 레벨** Novice High (NH) Novice Mid (NM) Novice Low (NL)
평가영역	**Global Tasks/Functions** 언어로 어떤 과제들을 수행할 수 있는지 판단 **Context/Content** 화자가 과제를 수행하기 위해 사용하는 사회적인 문맥 및 내용의 범위 **Accuracy/Comprehensibility** 답변의 보편적 이해도, 정확성, 그리고 수용성을 의미 **Text Type** 화자의 발화량 및 문장 구조를 의미

Background Survey

OPIc 시험 전에 OPIc 공식 홈페이지에서 샘플 테스트를 반드시 응시해봅니다. 다음 설문 내용을 살펴보고 어떤 주제를 선택할지 미리 선택합니다. 주제를 선택할 때 주어진 선택 TIP을 고려하여 선정합니다.

1. 현재 귀하는 어느 분야에 종사하고 계십니까?

○ 사업/회사
○ 재택근무/재택사업
○ 교사/교육자
○ 군복무
○ 일 경험 없음

선택 TIP

사업/회사와 관련된 질문과 답안 스크립트가 온라인이나 다른 책에 많으므로 참고를 위해서 해당 주제를 추천합니다.

2. 현재 귀하는 학생이십니까?

○ 네
○ 아니오

3. 현재 귀하는 어디에 살고 계십니까?

○ 개인주택이나 아파트에 홀로 거주
○ 친구나 룸메이트와 함께 주택이나 아파트에 거주
○ 가족(배우자/자녀/기타 가족 일원)과 함께 주택이나 아파트에 거주
○ 학교 기숙사
○ 군대 막사

※ 아래의 4~7번 문항에서 **12개 이상**을 선택해주시기 바랍니다.

4. 귀하는 여가 활동으로 주로 무엇을 하십니까? (두 개 이상 선택)

○ 영화보기
○ 클럽/나이트클럽 가기
○ 공연보기
○ 콘서트보기
○ 박물관가기
○ 공원가기
○ 캠핑하기

○ 해변가기
○ 스포츠 관람
○ 주거 개선
○ 술집/바에 가기
○ 카페/커피전문점에 가기
○ 게임하기(비디오, 카드, 보드, 휴대폰 등)
○ 당구치기
○ 체스하기
○ SNS에 글 올리기
○ 친구들과 문자 대화하기
○ 시험 대비 과정 수강하기
○ 뉴스를 보거나 듣기
○ 요리 관련 프로그램 시청하기
○ 차로 드라이브하기
○ 구직활동하기
○ 자원봉사하기

선택 TIP

4번 여가활동과 5번의 취미/관심사는 비슷한 주제로 묶을 수 있는 것들이 있습니다.

비슷한 주제로 선택하는 것이 어휘 학습 부분에서 도움이 됩니다.

연관성이 없는 주제에 대해서는 더 많은 어휘를 단시간에 외워야 합니다.

e.g. SNS에 글 올리기, 사진 찍기, 영화, 공연, 콘서트 보러 가기 등

5. 귀하의 취미나 관심사는 무엇입니까? (한 개 이상 선택)
○ 아이에게 책 읽어주기
○ 음악 감상하기
○ 악기 연주하기
○ 혼자 노래 부르거나 합창하기
○ 춤추기
○ 글쓰기(편지, 단문, 시 등)
○ 그림 그리기
○ 요리하기
○ 애완동물 기르기
○ 주식 투자하기
○ 신문읽기
○ 여행 관련 잡지나 블로그 읽기
○ 사진 촬영하기

6. 귀하는 주로 어떤 운동을 즐기십니까? (한 개 이상 선택)

- ○ 농구
- ○ 야구/소프트볼
- ○ 하키
- ○ 크리켓
- ○ 골프
- ○ 배구
- ○ 테니스
- ○ 배드민턴
- ○ 탁구
- ○ 수영
- ○ 자전거
- ○ 스키/스노우보드
- ○ 아이스 스케이트
- ○ 조깅
- ○ 걷기
- ○ 요가
- ○ 하이킹/트레킹
- ○ 낚시
- ○ 헬스
- ○ 태권도
- ○ 운동 수업 수강하기
- ○ 운동을 전혀 하지 않음

선택 TIP

선택한 스포츠의 운동 방법을 설명하라는 질문이 출제될 수 있습니다. 운동 방법을 설명하려면 어려운 용어들이 나오기 때문에 답하기가 어렵습니다. 스포츠 주제에서는 가벼운 운동으로 선택하는 것이 좋습니다.

가장 많이 선택하는 주제는 걷기, 조깅, 헬스, 자전거 등이 있습니다.

7. 귀하는 어떤 휴가나 출장을 다녀온 경험이 있습니까? (한 개 이상 선택)

- ○ 국내 출장
- ○ 해외 출장
- ○ 집에서 보내는 휴가
- ○ 국내 여행
- ○ 해외 여행

선택 TIP

여행 주제는 쉽게 접할 수 있는 부분이고 할 얘기도 많은 부분이므로 많이 선택할 것을 권합니다. 선택이 많을수록 출제 확률이 높습니다.

OPIc 시험에서는 설문 주제뿐만 아니라 레벨도 직접 선택할 수 있습니다. 총 두 번 레벨을 선정할 수 있습니다. 처음 시작할 때 한 번, 그리고 시험 문제가 반 정도 지났을 때 한 번입니다. 중간 레벨 선택 시에는 동일한 레벨을 선택하거나 한 단계 낮은 레벨 또는 높은 레벨을 설정할 수 있습니다. 레벨은 총 6개입니다. 다음 레벨에 대한 설명을 읽고 선택합니다. IL 또는 IM1을 목표로 한다면 3단계와 4단계를 추천합니다.

레벨	레벨 설명
1단계	10단어 이하의 단어로 말할 수 있다.
2단계	기본적인 물건, 색깔, 요일, 음식, 의류, 숫자 등을 말할 수 있다. 완벽한 문장을 구사하기 어렵고 질문도 어렵다.
3단계	자신, 직장, 친한 사람과 장소, 일상에 대한 기본적인 정보를 간단한 문장으로 전달할 수 있다. 간단한 질문을 할 수 있다.
4단계	자신, 일상, 일·학교와 취미에 대해 간단한 대화를 할 수 있다. 친근한 주제와 일상에 대해 간단한 문장들을 만들 수 있다. 원하는 질문도 할 수 있다.
5단계	친근한 주제와 가정, 일, 학교, 개인과 사회적 관심사에 대해 자신 있게 대화할 수 있다. 일어난 일과 일어나지 않은 일, 일어날 일에 대해 합리적으로 자신 있게 말할 수 있다. 필요한 경우 설명도 할 수 있다. 일상 생활에서 예기치 못한 상황이 발생하더라도 임기응변으로 대처할 수 있다.
6단계	개인적, 사회적 또는 전문적 주제에 나의 의견을 제시하여 토론할 수 있다. 다양하고 어려운 주제에 대해 정확하고 다양한 어휘를 사용하여 자세히 설명할 수 있다.

* 1단계가 낮은 레벨, 6단계가 높은 레벨입니다.

이와 함께 알아두어야 할 것이 바로 목표 레벨에서 요구하는 수준입니다. 아래 표는 OPIc 공식 홈페이지에 명시된 내용입니다.

레벨		레벨별 요약 정리
Advanced (고급)	Advanced Low	사건을 서술할 때 일관적으로 동사의 시제를 관리하고, 사람과 사물을 묘사할 때 다양한 형용사를 사용한다. 적절한 위치에서 접속사를 사용하기 때문에 문장 간의 결속력도 높고 문단의 구조를 능숙하게 구성할 수 있다. 익숙하지 않은 복잡한 상황에서도 문제를 설명하고 해결할 수 있는 수준의 능숙도이다.
Intermediate (중급)	Intermediate HIGH	개인에게 익숙하지 않거나 예측하지 못한 복잡한 상황을 만날 때, 대부분의 상황에서 사건을 설명하고 문제를 효과적으로 해결하곤 한다. 발화량이 많고, 다양한 어휘를 사용한다.
	Intermediate MID	일상적인 소재뿐 아니라 개인적으로 익숙한 상황에서는 문장을 나열하며 자연스럽게 말할 수 있다. 다양한 문장 형식이나 어휘를 실험적으로 사용하려고 하며, 상대방이 조금만 배려해주면 오랜 시간 대화가 가능하다. ※ MID의 경우 1>2>3으로 세분화됩니다.
	Intermediate LOW	일상적인 소재에서는 문장으로 말할 수 있다. 대화에 참여하고 선호하는 소재에서는 자신감을 가지고 말할 수 있다.
Novice (초급)	Novice HIGH	일상적인 대부분의 소재에 대해서 문장으로 말할 수 있다. 개인정보에 대해 질문을 하고 응답할 수 있다.
	Novice MID	이미 암기한 단어나 문장으로 말하기를 할 수 있다.
	Novice LOW	제한적인 수준이지만 영어 단어를 나열하며 말할 수 있다.

OPIc 시험에서 출제되는 문제 유형은 크게 다음과 같습니다. Background Survey 를 토대로 나오는 질문, 그리고 그 주제를 토대로 나오는 롤플레이 질문, 마지막으로 Background Survey와 무관하게 출제되는 돌발(랜덤) 질문입니다.

일반	Background Survey를 토대로 나오는 질문	6~9문제 출제
롤플레이	Background Survey 내용을 토대로 Ava에게 질문하거나 상황 연기를 요구하는 질문	3~6문제 출제
돌발(랜덤)	Background Survey와 무관하게 출제되는 돌발(랜덤) 질문. 시사적인 문제도 이에 속함	3~6문제 출제

문제 유형은 Background Survey 내용을 기준으로 위와 같이 크게 3가지로 구분합니다. 그런데 OPIc 시험은 한 가지 주제에 대해 2개 또는 3개 정도 연달아 질문합니다. 그래서 이를 '콤보 문제'라고 부릅니다. 이는 모든 문제에 적용됩니다. 아래 나온 예와 같이 '공원 가기'를 선택하면 다음과 같이 3문제가 연달아 나옵니다.

공원 가기	You indicated in the survey you like to go to a park. What is your favorite park? Where is it? Who do you go with? When do you usually go?
	Can you tell me the last time when you went to a park? When was it? Who did you go with? What did you do there?
	Can you describe one of the most memorable experiences you had in the park? What happened there? Why was it memorable?

이처럼 '콤보 문제'에 대비하여 어떤 주제를 선택하더라도 6하원칙을 기준으로 다양한 말할 거리를 준비합니다.

주어, 동사, 목적어, 보어 네 가지 요소는 문장에 필요한 것들입니다. 각 자리에 올 수 있는 단어의 종류는 다음과 같이 정해져 있습니다.

주어	동사	목적어	보어
명사 대명사	be동사 일반동사	명사 대명사	명사 대명사 형용사

위에서 보는 것처럼 명사와 대명사는 주어, 목적어, 보어 자리에 올 수 있습니다. 이것이 가장 기본이 되는 영어의 법칙입니다. 하지만 영어가 어려워지는 이유는 명사와 대명사가 단어 하나가 아닌 다양한 모습으로 나타날 수 있다는 것입니다.

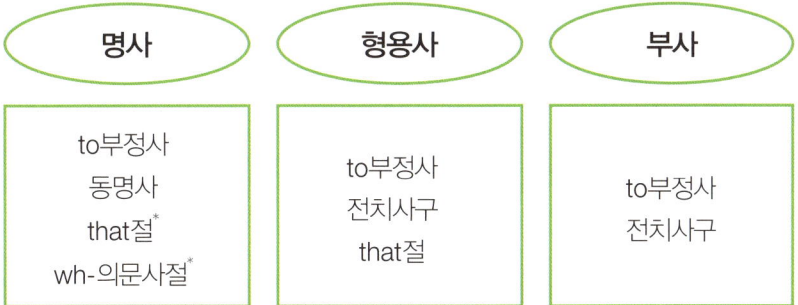

명사	형용사	부사
to부정사 동명사 that절[*] wh-의문사절[*]	to부정사 전치사구 that절	to부정사 전치사구

이 책에서는 IL~IM 1을 목표로 하기 때문에 자세한 문법 내용은 과감하게 뺐습니다. 가장 기본이 되는 문법만 다루기 때문에 that절과 wh-의문사절은 다루지 않습니다.

목차

Self-introduction 자기소개

OPIc 시험 첫 번째 문제는 거의 자기소개로 고정되어 있습니다. 자기소개는 현재 직업, 가족, 살고 있는 곳, 성격 등에 대해 간단하게 이야기할 수 있습니다. 자기소개를 위해 필요한 문장 형태는 어떤 것이 있는지 살펴봅시다.

어휘 쌓기 자기소개와 관련된 필수 어휘들을 얼마나 알고 있는지 확인해봅니다.

1. 다음 중 그 의미를 알고 있는 단어에 ○표 하세요.

get along with	walking	sibling
be interested in	free time	early childhood

2. 우리말에 해당하는 영어 단어가 바로 떠오르면 ○표 하세요.

사이 좋게 지내다	산책	형제자매
~에 관심이 있다	여가 시간	유년 시절

3. 다음 단어를 이용하여 빈칸을 채우세요.

earn	purchase	reflect	throw	accept

① We _____ a new car every 5 years. 우리는 5년마다 새 차를 구매합니다.

② We _____ a party every year. 우리는 매년 파티를 엽니다.

③ They _____ two million won a month. 그들은 1달에 200만 원을 법니다.

④ I always _____ their invitations. 저는 항상 그들의 초대를 받아들입니다.

⑤ We need time to _____ on what to do. 우리는 뭘 해야 할지 숙고할 시간이 필요합니다.

Interviewer Let's start the interview. Please tell me a little bit about yourself.

Interviewee Good morning, I'm Jeongwoo, Ha. Nice to meet you. I'm a university student at Sangrok University. I live in Seoul with my family, and there are four of us. <mark>I have a younger brother. My brother and I like sports.</mark> So, <mark>we play baseball</mark> together often. <mark>I usually spend quality time with my family.</mark>

면접관 인터뷰를 시작하겠습니다. 자기소개를 간단하게 해주세요.

면접자 안녕하세요. 저는 하정우입니다. 만나서 반갑습니다. 저는 상록대학교에 다니는 대학생입니다. 저는 서울에서 가족과 함께 살고 있고 저희 가족은 4명입니다. 저는 남동생이 한 명 있습니다. 제 남동생과 저는 스포츠를 좋아합니다. 그래서 우리는 함께 자주 야구를 합니다. 저는 가족과 함께 단란한 시간을 보냅니다.

어휘 quality time 가족과 보내는 단란한 시간

---

1. 위 지문에서 노란색으로 표시된 부분을 살펴보고 순서대로 의미군을 적어보세요.

> e.g. I have a younger brother. 나는 / 있다 / 한 명의 남동생이

① My brother and I like sports.

　→ _____

② We play baseball. → _____

③ I usually spend quality time with my family.

　→ _____

영어식 사고 훈련이므로 반드시 해봅니다.

2. 다음 질문에 대해 '나'와 관련된 내용을 간단하게 적으세요.

① 가족 구성원 :

② 좋아하는 취미활동 :

③ 주말에 주로 하는 활동 :

1. 우리말의 밑줄 친 부분에 해당하는 영어단어를 찾아 밑줄 치세요.

> e.g. 저는 <u>영화</u>를 더 좋아합니다. → I prefer <u>movies</u>.

① 우리는 <u>마이크로칩</u>을 만듭니다. → We produce microchips.

② 저는 <u>물</u>을 원합니다. → I want some water.

③ <u>그녀</u>를 어제 봤어요. → I saw her yesterday.

④ 당신 <u>도움</u>이 필요해요. → I need your help.

■ 위 문제에서 공통점이라 생각되는 부분 메모하기

정답을 찾는 것보다 중요한 건 문제별로 공통점을 찾는 것입니다.

자세한 설명은 **문법 익히기** 2. 한글 어순 vs. 영어 어순 부분을 확인하세요.

2. 제시된 우리말에 해당하는 영어 문장을 고르세요.

① 부모는 자식들을 사랑합니다.

   a. Parents love their children.
   b. Children love their parents.

② 우리는 매일 TV를 봅니다.

   a. TV watches us every day.
   b. We watch TV every day.

③ 학생들은 공책을 필요로 합니다.

   a. Every student needs a notebook.
   b. A notebook needs every student.

④ 우리는 매일 저녁을 함께 먹습니다.

   a. We have dinner together every day.
   b. Dinner has us together every day.

■ 위 문제에서 공통점이라 생각되는 부분 메모하기

자세한 설명은  2. 한글 어순 vs. 영어 어순 부분을 확인하세요.

3. 제시된 단어 중 성격이 다른 하나를 찾아 ◯표 하세요.

> e.g. coffee / cup / pen / (he)

① we / I / she / student

② live / is / want / see

③ remember / event / keep / like

④ drink / is / am / are

- 위 문제에서 공통점이라 생각되는 부분 메모하기

자세한 설명은 **문법익히기** 5. 주어와 목적어 자리에 올 수 있는 단어들 부분을 확인하세요.

4. 밑줄 친 단어가 가리키는 것을 찾아 적으세요.

> e.g. I like apples. They are delicious.   [정답] apples

① I bought a new smartphone. It is expensive. → _____

② My teacher is Jane. She is very kind. → _____

③ My sister and I want some fresh fruit. So we're going to the market.

   → _____

④ I have an older brother. He is an engineer. → _____

- 위 문제에서 공통점이라 생각되는 부분 메모하기

자세한 설명은 **문법익히기** 6. 주어와 목적어 자리에 올 때 모양이 바뀌는 단어들 부분을 확인하세요.

1. 문장의 핵심 – 주어와 동사

우리는 다른 사람과 의사소통하기 위해 언어를 사용합니다. 그리고 원활한 의사소통을 위해 문장을 만들고, 나라마다 규칙을 정합니다. 규칙은 다르지만 한 문장이 완성되기 위해서 공통적으로 필요한 것이 있습니다. 바로 누구에 관한 이야기인지, 그리고 그 누군가가 어떤 행동을 했는지 설명하는 것입니다. 누구에 관한 이야기인지 나타내는 것을 **주어**, 누군가가 한 행동을 설명하는 것을 **동사**라고 부릅니다.

> e.g. <u>James</u> <u>sings</u> a song. 제임스는 노래를 부릅니다.
>   주어   동사

주어=James, 즉 James에 대한 내용
동사=sings, 즉 James의 행동에 대한 내용

2. 한글 어순 vs. 영어 어순

한글과 영어 어순이 다르다는 것은 대부분 알고 있는 내용입니다. 어순에 있어 가장 큰 차이는 바로 동사의 위치입니다. 영어에서는 한글과 달리 동사가 목적어 앞에 온다는 점이 두드러진 차이입니다. 또 다른 큰 차이점은 바로 단어의 위치입니다. 영어에서는 우리말과 달리 단어의 위치가 중요합니다. 아래 예문에서 보듯이 동사를 기준으로 앞/뒤 단어의 위치가 바뀌면 정반대의 의미가 됩니다.

> a. Parents **love** their children. 부모는 자식을 사랑합니다.
> b. Children **love** their parents. 자식은 부모를 사랑합니다.

3. 동사 종류

영어에서 동사의 종류는 크게 타동사와 자동사가 있습니다. 이 두 동사의 차이는 목적어가 있느냐 없느냐입니다. **목적어**는 우리말에 '~을, ~를'에 해당하는 단어입니다. 앞서 말한 것처럼 주어와 동사는 문장에서 꼭 필요하지만 목적어는 동사에 따라 필요한 경우도 있고 필요하지 않은 경우도 있습니다. 이번 Chapter에서는 목적어를 필요로 하는 타동사에 대해 알아보겠습니다.

4. 3형식 문장 형태

주어	동사	목적어	
I	have	a younger <u>brother</u>.	저는 남동생이 있습니다.
We	like	outdoor <u>activities</u>.	저희는 야외 활동을 좋아합니다.

앞의 표와 같이 [주어+동사+목적어]로 되어 있는 문장을 **3형식 문장**이라고 부릅니다. 그렇다면 주어와 목적어는 어떻게 알 수 있을까요? 바로 단어의 위치로 알 수 있습니다. 우선 주어와 목적어는 명사 또는 대명사인 단어들만 가능합니다. 그리고 동사를 기준으로 동사 앞에 나온 명사는 주어이고 동사 뒤에 나온 명사는 목적어입니다.(타동사인 경우에 해당) 앞의 예문에서 목적어는 밑줄 친 명사만 해당합니다. (명사와 함께 다니며 꾸며주는 단어들은 이 책 후반에서 다룹니다.)

5. 주어와 목적어 자리에 올 수 있는 단어들

명사 (이름)	children, cars, people, James, cats …
대명사 (실제 이름 대신 사용)	I, we, you, he, she, they, it …

주어와 목적어 자리에는 명사 또는 대명사라고 불리는 단어들이 옵니다. 명사는 사람이나 사물의 고유한 이름을 의미하고, 대명사는 사람이나 사물의 이름을 대신하는 것을 의미합니다. 대명사를 쓰는 이유는 같은 명사의 반복을 피하기 위해서입니다.

Tip 명사는 어떻게 알 수 있을까요? 사전에서 단어를 찾으면 n(noun 명사)라고 되어 있는지 확인하면 됩니다.

6. 주어와 목적어 자리에 올 때 모양이 바뀌는 단어들

명사는 주어와 목적어 자리에 올 때 그 형태가 같습니다. 반면 대명사는 주어와 목적어 자리에 올 때 의미는 같지만 형태는 각각 다르게 쓰입니다.

e.g. I love *my parents*. 저는 부모님을 사랑합니다.
My parents love me. 저희 부모님은 저를 사랑합니다.

대명사	주어	I	you	we	they	she	he
	목적어	me	you	us	them	her	him

1. 다음 문장에서 목적어에 해당하는 단어(명사)에 밑줄을 치세요.

① I need some information.

② My children play video games every evening.

③ We usually clean our apartment on the weekends.

④ My wife and I enjoy walking.

2. 빈칸에 알맞은 대명사를 넣으세요.

① I have a seven-year-old son. _____ loves cookies.
저는 7살 난 아들이 있습니다. 그(제 아들은)는 쿠키를 좋아합니다.

② I get along with my family. _____ spend quality time together.
저는 식구들과 사이가 좋습니다. 우리는 단란한 시간을 함께 보냅니다.

③ I have two siblings. I like _____, and _____ like _____.
저는 두 명의 형제(자매)가 있습니다. 저는 그들을 좋아하고 그들도 저를 좋아합니다.

④ My eldest sister is truly honest. I trust _____ completely.
우리 큰언니는 정말 정직해요. 저는 그녀(큰언니)를 완전히 믿습니다.

3. 다음 질문에 대한 대답을 주어진 단어를 넣어 영어로 답하세요.

> e.g. **What do you need? (some water)** → <u>I need some water.</u>

① What kind of movies do you like? (romantic movies)

→ _____.

② How many bicycles do you have? (two bicycles)

→ _____.

③ What do you remember about the movie? (last scene)

→ _____.

④ What do you dislike about your appearance? (my nose)

→ _____. ● appearance 외모

앞에서 배운 문법 구조의 다양한 표현들을 배워봅니다.

---

1. I have ~ 저는 ~을 가지고 있습니다(저는 ~이 있습니다)

▶ 소유를 나타낼 때 동사 have를 써서 말할 수 있습니다. 가족 구성원을 소개할 때 쓸 수 있는 유용한 표현입니다.

I have two younger sisters. 저는 두 명의 여동생이 있습니다.

I have a daughter. 저는 딸이 한 명 있습니다.

I have a son. 저는 아들이 한 명 있습니다.

---

2. I enjoy ~ 저는 ~하는 것을 좋아합니다

▶ 동사 enjoy를 우리말에 가장 가까운 표현으로 하면 '~을 즐기다'라는 표현입니다. 취미 활동이나 여행과 관련된 내용을 이야기할 때 쓸 수 있습니다.

I enjoy watching TV in the evenings. 저는 저녁에 TV 보는 것을 좋아합니다.

I enjoy outdoor activities. 저는 야외 활동을 좋아합니다.

I enjoy my job. 저는 제 일을 좋아합니다.

---

3. I usually spend ~ (in) ~ 저는 ~을 하며 ~를 보냅니다

▶ spend는 뒤에 돈이나 시간이 옵니다. 그리고 in 뒤에는 앞서 말한 돈이나 시간을 쓴 활동에 대해 이야기합니다. in은 생략 가능합니다.

I usually spend the whole weekend reading books. 저는 주로 책을 읽으며 주말을 보냅니다.

I usually spend all my free time playing soccer. 저는 주로 축구를 하며 여가시간을 보냅니다.

I usually spend my summer vacations travelling around the world.
저는 주로 세계여행을 하며 여름방학을 보냅니다.

지금까지 학습한 내용을 토대로 작성된 다른 답안을 확인해봅니다.

Let's start the interview. Please tell me a little bit about yourself.
인터뷰를 시작하겠습니다. 자기소개를 간단하게 해주세요.

다음 빈칸에 알맞은 단어를 넣어 답변을 완성하세요.

1. 직장인 여성의 답변　　　　　　　　　　　　　　　　　　　🎙 MP3 01-02

Good afternoon. My name is Youngeun, Kim. I work in the fashion industry. I ❶＿＿＿＿ my work. I've been interested in fashion since I was very young. I live in Seoul with my family. Two years ago, I got married and I ❷＿＿＿＿ a ten-month-old son. His name is Sunwoo, Lee. My husband and I really love ❸＿＿＿＿. I'm a people person, so I ❹＿＿＿＿ most of my free time with friends.

안녕하세요, 제 이름은 김영은입니다. 저는 패션업계에 종사하고 있습니다. 저는 제 일을 좋아합니다. 아주 어릴 때부터 패션에 관심이 있었습니다. 저는 가족들과 서울에 살고 있습니다. 2년 전에 결혼해서 10개월 된 아들이 있습니다. 아들의 이름은 이선우입니다. 제 남편과 저는 아들을 정말 사랑합니다. 저는 사람들과 있는 것을 좋아해서 여가 시간을 친구들과 보내곤 합니다.

2. 대학교 남학생의 답변　　　　　　　　　　　　　　　　　　🎙 MP3 01-03

Good afternoon. My name is Jihan, Park. I'm a university student, and I'm majoring in computer engineering. I ❶＿＿＿＿ studying. I've been interested in computers since I was a child. I live in Gounggi-do with my family. I ❷＿＿＿＿ two siblings, and I get along with ❸＿＿＿＿. I'm a quiet person, so I ❹＿＿＿＿ most of my free time ❺＿＿＿＿＿ books.

안녕하세요, 제 이름은 박지한입니다. 저는 대학생이며 컴퓨터 공학을 전공하고 있습니다. 저는 공부하는 것을 좋아합니다. 저는 어릴 때부터 컴퓨터에 관심이 많았습니다. 저는 가족들과 경기도에 삽니다. 두 명의 형제자매가 있고 그들과 사이가 좋습니다. 저는 조용한 사람이어서 대부분의 시간을 책을 읽으며 보냅니다.

OPIc 시험을 실제로 응시한다고 상상해봅시다. 다음 질문에 영어로 대답하고 여러분의 휴대폰에 녹음해보세요. (3~4문장 정도 얘기합니다.)

**Let's start the interview.
Please tell me a little bit about yourself.**

인터뷰를 시작하겠습니다.
자기소개를 간단하게 해주세요.

■ Your Answer

Self checkist ☑ 녹음 후 아래 내용이 포함됐는지 확인해봅니다.

1. 주어, 동사, 목적어 형태를 갖춰 문장으로 이야기했습니까?　　　　☐

2. 이번 Chapter에서 배운 새로운 단어를 사용했습니까?　　　　☐

3. 3문장 이상 이야기했습니까?　　　　☐

Work 직장 / School 학교

OPIc Background Survey에서 첫 번째 선택 영역은 직업과 관련된 부분입니다. 제시된 직업은 크게 직장인과 학생으로 나뉩니다. 가장 기본적으로 출제되는 것은 직장이나 학교를 소개하는 문제입니다. 이번 Chapter에서는 직장과 학교 소개를 위해 필요한 문장 유형에 대해 살펴보겠습니다.

어휘 쌓기

직장/학교와 관련된 필수 어휘들을 얼마나 알고 있는지 확인해봅니다.

1. 다음 중 그 의미를 알고 있는 단어에 ◯표 하세요.

major	establish	headquarters	reputation
affiliate	engineering	appliance	electronics

2. 우리말에 해당하는 영어 단어가 바로 떠오르면 ◯표 하세요.

~을 전공하다	~을 설립하다	본사	명성
계열사	공학	가전제품	전자공학

3. 다음 단어를 이용하여 빈칸을 채우세요.

appeared	arrived	consists	fell	belong

① All the buildings here _____ to our company.
여기에 있는 모든 건물은 우리 회사 소유입니다.

② Because the building was built 50 years ago, small cracks have _____ in the wall. 이 건물은 50년 전에 지어졌기 때문에 벽에 약간 금이 갔어요.

③ People _____ early as usual. 사람들은 평소처럼 일찍 도착했습니다.

④ I accidently _____ down the stairs and hurt my ankle.
저는 실수로 계단에서 떨어져서 발목을 다쳤습니다.

⑤ Our company _____ of five major branches. 우리 회사는 5개 지점으로 이루어졌습니다.

오픽 문제 살펴보기 다음 인터뷰 내용을 읽고 오픽 문제 유형을 확인해봅니다. 🔘MP3 02-01

Interviewer I'd like to know about your company. What's the name of the company? Where is it located? What kind of business is it?

Interviewee ==I've worked for a mobile device company== called Hanseo for about five years. My company is in the suburbs of Seoul. ==It is inconveniently located== far from a subway station, but it provides a shuttle service from the closest station to the main office for the convenience of its employees. ==It was established in 1981== and ==we specialize in the manufacture of LCD monitors== for mobile devices. I like my job.

면접관 당신이 다니는 회사에 대해 알고 싶습니다. 회사 이름은 무엇인가요? 어디에 있나요? 어떤 사업인가요?

면접자 저는 한서 휴대폰 기기 회사에서 약 5년째 일하고 있습니다. 저희 회사는 서울 근교에 있습니다. 회사가 지하철 역에서 멀리 떨어진 곳에 위치해 있어 교통이 불편하지만 회사에서 직원들의 편의를 위해 가장 가까운 역까지 운행하는 셔틀버스를 제공하고 있습니다. 저희 회사는 1981년에 설립되었고 휴대폰 기기에 들어가는 LCD 액정 제조를 전문으로 하고 있습니다. 저는 제 일을 좋아합니다.

어휘 work for ~에서 일하다   suburbs 근교   inconveniently located 교통편이 불편한
for the convenience of ~의 목적으로   establish 설립하다   specialize in ~을 전문으로 하다

---

1. 위 지문에서 노란색으로 표시된 부분을 살펴보고 순서대로 의미군을 적어봅니다.

> e.g. I've worked for a mobile device company. 나는 일한다 / 휴대폰 기기 회사에서

① It is inconveniently located. → _____

② It was established in 1981. → _____

③ We specialize in the manufacture of LCD monitors.

     → _____

영어식 사고 훈련이므로 반드시 해봅니다.

2. 다음 질문에 대해 '나'와 관련된 내용을 간단하게 적으세요.

① 회사(학교) 이름 :

② 회사(학교) 위치 :

③ 사업분야(전공) :

1. 각 문장에서 동사에 해당하는 단어에 밑줄을 치세요.

> e.g. A few minutes later, some people <u>appeared</u> in front of the station.

① I go to Sangwon University. 저는 상원대학교에 다닙니다.

② The cafeteria belongs to my company. 그 구내식당은 우리 회사 소유입니다.

③ The main building of the school stands on a hill. 그 학교의 주 건물은 언덕 위에 있어요.

④ There is a beautiful park near my university. 우리 학교 근처에는 아름다운 공원이 있어요.

■ 위 문제에서 공통점이라 생각되는 부분 메모하기

자세한 설명은 **문법 익히기** 2. 동사의 종류를 확인하세요.

2. 제시된 단어 중 성격이 다른 하나를 고르세요.

> e.g. happily / a lot / (beautiful) / finally

① inconveniently / afraid / proud / friendly

② away / from / of / during

③ provide / love / specialize / see

④ depend / belong / consist / provide

■ 위 문제에서 공통점이라 생각되는 부분 메모하기

자세한 설명은 **문법 익히기** 2. 동사의 종류와 4. 수식어구를 확인하세요.

3. 밑줄 친 부분이 장소, 방법, 시간 중 무엇을 나타내는지 적으세요.

e.g. I go to school. → [to school은 장소를 나타냄]

① I work for IVY bank. → _____

② We should arrive early. → _____

③ I walk slowly to school. → _____

④ My school is located in the town center. → _____

■ 위 문제에서 공통점이라 생각되는 부분 메모하기

자세한 설명은 **문법익히기** 4. 수식어구를 확인하세요.

4. 어법상 괄호 안의 알맞은 단어를 고르세요.

e.g. I (attend / go) to Kyounggi University. 저는 경기대학교에 다닙니다.

① We mainly (handle / deal) with a lot of complaints. 우리는 주로 많은 불만사항을 처리합니다.

② They will (discuss / talk) an annual budget. 그들은 연간 예산에 대해 논의할 것입니다.

③ Nobody could (explain / account) for the error. 아무도 그 오류를 설명할 수 없었습니다.

④ We would certainly (oppose / object) changing the course.
우리는 그 과정을 변경하는 것에 반대했습니다.

■ 위 문제에서 공통점이라 생각되는 부분 메모하기

자세한 설명은 **문법익히기** 2. 동사의 종류와 6. OPIc에 자주 나오는 1형식 동사를 확인하세요.

1. 문장의 구성요소

문장을 만들 때 구성요소가 될 수 있는 것은 주어, 동사, 목적어, 그리고 보어입니다. 이 4개 외에 다른 요소들은 문장을 구성하는 요소라고 볼 수 없습니다. 이 요소들은 때로는 그 모습을 바꾸어 등장합니다. 각 요소들에 대해 더 자세히 살펴보겠습니다.

2. 동사의 종류

영어에서 동사는 크게 두 종류가 있습니다. 목적어를 필요로 하는 동사인 타동사와, 목적어가 필요 없는 자동사가 있습니다. 대부분의 동사는 타동사 또는 자/타동사 모두 가능하지만, 자동사만 가능한 동사들이 있으므로 이런 동사들은 암기해야 합니다. 자동사는 목적어가 따라오지 않는 대신 주로 전치사와 쓰입니다. 그 중 특정 전치사와만 쓰이는 자동사들도 있습니다.

타동사(transitive)	목적어가 필요한 동사 marry, discuss, explain, handle, mention, attend, access, reach, answer
자동사(intransitive)	목적어가 필요 없는 동사 appear, disappear, arrive 특정 전치사와만 쓰이는 자동사 belong to, account for, object to, deal with, leave for, apply to

Tip 하나의 의미를 자동사와 타동사가 함께 나타내는 경우가 있습니다. 예를 들어, 자동사 talk about과 타동사 discuss는 '~을 이야기하다'라는 동일한 의미입니다. 하지만 talk about은 회화에서 많이 쓰이는 반면 discuss는 격식을 차리는 자리나 전문적인 내용을 이야기할 때 많이 쓰입니다. 이렇게 보통 한 단어로 되어 있는 어휘들이 대체로 학술적인 어휘입니다. 회화에서는 talk about 같이 [자동사+전치사] 형태가 더 자연스럽습니다.

3. 1형식 문장 형태

주어	동사	(수식어구)	
I	go	to Sangwon university.	저는 상원대학교에 다닙니다.
The cafeteria	belongs	to my company.	그 구내식당은 우리 회사 소유입니다.
The building	stands	on a hill.	그 건물은 언덕에 있습니다.

위 문장들은 주어와 동사, 그리고 수식어구로 이루어져 있습니다. 위 동사들은 목적어가 필요 없는 자동사에 해당합니다. 따라서 동사 바로 뒤에 목적어가 없고, 대신 [전치사+명사] 형태로 나타나고 있습니다. 이렇게 목적어 없이 주어와 자동사로만 이루어진 문장을 **1형식 문장**이라고 합니다.

4. 수식어구

수식어구는 문장 내용을 더욱 풍성하게 해주지만 문장의 필수 요소는 아닙니다. 문장의 내용을 더욱 구체적으로 나타내기 위해 장소, 방향, 방법, 위치, 시간 등에 대한 내용을 다루는 것이 수식어구입니다. 이런 내용을 나타내는 수식어구를 통틀어 **부사(구)**라고 합니다.

수식어 자리에 올 수 있는 형태

부사	slowly, away, inconveniently, fast, always, recently
전치사+명사(구)	in Seoul, on the grass, from downtown, of five buildings

Tip 대부분의 부사 단어들이 -ly로 끝나지만 예외가 있습니다. 명사에 -ly가 붙은 단어는 형용사가 되며, 이러한 형용사들로는 costly, weekly, monthly, lovely 등이 있습니다.

E.g. friend(명사)+ly → friendly(형용사) 친절한, 상냥한

5. 유도부사 there

There is/are 구문은 회화에서 가장 자주 쓰이는 구문으로 우리말로 '~가 있다'라는 뜻입니다. 이때 there은 문장의 앞에 오긴 했지만 주어가 아닌 부사입니다. 문장의 주어가 길어지거나 중요할 경우 주어를 뒤로 보내고 there라는 부사를 앞에 세우는데, 이때는 동사 is/are 뒤에 나온 명사가 주어가 됩니다. 동사 뒤에 명사가 단수(1개 또는 셀 수 없는 명사)이면 is를 쓰고, 복수(두 개 이상)이면 are를 씁니다.

There	is	a beautiful park behind the main building. 단수 메인 빌딩 뒤에 아름다운 공원이 있습니다.
	are	seventy people in my company. 복수 우리 회사에는 70명의 직원들이 있습니다.

6. OPIc에 자주 나오는 1형식 동사

1형식 동사, 즉 자동사는 뒤에 목적어가 바로 오지 않습니다. 1형식 동사 뒤에는 명사 대신 전치사가 함께 다닙니다. 그러므로 함께 쓰이는 전치사를 반드시 기억해야 합니다.

work for 회사명 ~에서 일하다   **start with** ~로 시작하다

specialize in ~을 전문으로 하다   **major in** ~을 전공으로 하다

get to 장소 ~에 도착하다   **live in** ~에 살다

depend on ~에 의지하다   **talk about** ~에 대해 말하다

1. 다음 문장에서 수식어구에 해당하는 것에 밑줄 치세요. (수식어구: 부사 또는 전치사+명사)

① We work late almost every day. 우리는 거의 매일 야근합니다.

② I come here to study English. 저는 여기 영어를 공부하러 왔습니다.

③ Everyone on my team believes in the leader. 우리 팀 사람들은 모두 그 리더를 믿습니다.

④ Accidents can happen to anyone. 사고는 누구에게나 일어날 수 있습니다.

2. 다음 빈칸에 is 또는 are를 문장에 맞게 쓰세요.

① There _____ five departments on this floor. 이 층에는 5개의 부서가 있습니다.

② There _____ some information about the company on the website.
그 회사에 관한 정보가 웹사이트에 있습니다.

③ There _____ a national park next to the university. 그 대학교 옆에는 국립공원이 있습니다.

④ There _____ several small restaurants around the campus.
캠퍼스 주변에는 작은 식당들이 여러 개 있습니다.

3. 주어진 단어를 넣어 영어로 답하세요.

> e.g. Where do you work? (international bank)
> → I work for an international bank.

① Where is the headquarters of your company? (in the center of the town)

→ _____.

② How many affiliates are there? (ten affiliates)

→ _____.

③ How do people apply to the company? (in person)

→ _____.

④ Where does the statue of the founder of the university stand?
(at the front of the school)

→ _____.

---

1. **I work for/in/at 명사 as 직책/직업** ~에서 ~로 일하고 있다

▶ for/at 뒤에는 회사명 또는 근무 장소, in 뒤에는 업무 분야, 그리고 as 뒤에는 직책 또는 직업이 나옵니다.

I work in education **as** a teacher. 저는 교육 분야에서 교사로 일하고 있습니다.

I work for a small-sized company **as** an assistant manager.
저는 중소기업에서 대리로 일하고 있습니다.

I work at a bank **as** a manager. 저는 은행에서 부장으로 일하고 있습니다.

---

2. **I'm majoring in 전공명** ~를 전공하고 있다

▶ major는 명사도 되고 동사도 됩니다. 동사로 쓰일 때는 전치사 in과 함께 쓰입니다.

I'm majoring in chemistry at Backjae National University.
저는 백제국립대학교에서 화학을 전공하고 있습니다.

I'm majoring in biology. 저는 생물학 전공입니다.

I'm majoring in mathematics. 저는 수학 전공입니다.

---

3. **There is/are 명사** ~이 있다

▶ 사물/사람의 존재를 이야기할 때 쓸 수 있는 유용한 표현입니다

There is a wide range of majors for students. 학생들을 위한 다양한 전공이 있습니다.

There are affiliates of SNB all over the country. SNB 계열사가 국내 여기저기에 있습니다.

There is a cafeteria on the ground floor of the building. 건물 1층에는 구내식당이 있습니다.

지금까지 학습한 내용을 토대로 작성된 다른 답안을 확인해봅니다.

I'd like to know about your company(school). What's the name of the company(school)? Where is it located? What kind of business is it?

당신이 다니는 회사(학교)에 대해 알고 싶습니다. 회사(학교) 이름은 무엇인가요?
어디에 있나요? 어떤 사업인가요?

다음 빈칸에 알맞은 단어를 넣어 답변을 완성하세요.

1. 직장인 답변 ◉MP3 02-02

I ❶_____ _____CU telecommunications ❷_____ an engineer. We specialize in wireless Internet services and provide various other services including mobile communications.

❸_____ _____ a lot of affiliates all over the country and the headquarters is located in the center of Seoul. ❸_____ _____ more than 100 employees in the headquarters. The number of employees varies greatly from branch to branch.

저는 CU 통신회사에서 기술자로 일하고 있습니다. 저희는 무선 인터넷을 전문으로 하며 모바일 통신을 포함한 다양한 서비스를 제공합니다. 전국적으로 많은 계열사가 있으며 본사는 서울 중심에 위치해 있습니다. 본사에는 100명이 넘는 직원들이 있습니다. 직원들의 수는 지점마다 크게 다릅니다.

※ ❸에 들어갈 답은 공통입니다

2. 대학생 답변 ◉MP3 02-03

I'm ❶_____ in business at Nambu University. It's well-known for its business school. My university is ❷_____ _____ the north of Gyounggi-do. It was established by Lee Youngsoon in 1981. A statue of Lee stands at the front of the school in memory of her. ❸_____ _____ two dormitories on the campus: one is for men and the other is for women. They are quite old.

저는 남부대학교에서 경영학을 전공하고 있습니다. 저희 학교는 경영학이 유명합니다. 저희 학교는 경기도 북부에 위치해 있습니다. 1981년 이영순 여사에 의해 설립되었습니다. 그녀를 기리기 위한 동상이 학교 정문에 있습니다. 캠퍼스에는 두 개의 기숙사가 있습니다. 하나는 남자 기숙사, 또 다른 하나는 여자 기숙사입니다. 두 건물 모두 지은지 꽤 오래됐습니다.

영어로 인터뷰를 한다고 상상해봅시다. 다음 질문에 영어로 대답하고 여러분의 휴대폰에 녹음해 보세요. (3~4문장 정도 얘기합니다.)

I'd like to know about your company(school). What's the name of the company(school)? Where is it located? What kind of business is it?

당신이 다니는 회사(학교)에 대해 알고 싶습니다.
회사(학교) 이름은 무엇입니까?
어디에 있습니까? 어떤 사업입니까?

■ Your Answer

Self checkist ☑ 녹음 후 아래 내용이 포함됐는지 확인해봅니다.

1. 1형식 동사 뒤에 나오는 전치사를 적절하게 사용했습니까? ☐

2. 이번 Chapter에서 배운 새로운 단어를 사용했습니까? ☐

3. 3문장 이상 이야기했습니까? ☐

Family 가족

Background Survey에서 선택 사항은 아니지만 가족 소개와 관련된 질문이 출제됩니다. 가족 소개는 영어 말하기 시험에서 기본적으로 다루는 주제입니다. 가족 소개와 관련해서 필요한 문장 유형은 무엇이 있는지 알아봅니다.

어휘 쌓기 가족 소개와 관련된 필수 어휘들을 얼마나 알고 있는지 확인해봅니다.

1. 다음 중 그 의미를 알고 있는 단어에 ◯표 하세요.

warm-hearted	plump	stout	caring	conscientious

2. 우리말에 해당하는 영어 단어가 바로 떠오르면 ◯표 하세요.

정이 많은   (보통 여자에게) 통통한   (보통 나이 든 사람에게) 통통한
배려심이 많은   성실한

3. 다음 단어를 이용하여 빈칸을 채우세요.

running	get	getting	turns	came

① My brothers _____ mad easily whenever I make a mistake.
우리 형들은 제가 실수할 때마다 쉽게 화를 냅니다.

② My face _____ red when I get embarrassed. 저는 당황했을 때 얼굴이 빨개집니다.

③ We're _____ bored with this TV show. 우리는 이 TV쇼가 점점 지루하게 느껴집니다.

④ My dream finally _____ true. 제 꿈이 마침내 이루어졌습니다.

⑤ Our finances are _____ low. 우리 자금이 바닥나고 있습니다.

다음 인터뷰 내용을 읽고 오픽 문제 유형을 확인해봅니다.   📀MP3 03-01

Interviewer Please tell me about your family in as much detail as possible.

Interviewee There are five people in my family. My father retired two years ago, and he spends most of his time gardening. He's short and stout. <mark>He's generous. My mother is a housewife.</mark> She's rather plump. <mark>She's an outgoing woman.</mark> My older sister works for a design company. She has long brown wavy hair. She's a hardworking person. My younger brother is a senior at Kyoungwon University. He's a big, burly man.

면접관 당신 가족에 대해 가능한 한 자세하게 말해주세요.

면접자 저희 가족은 다섯 식구입니다. 저희 아버지는 2년 전에 은퇴해서 밭일을 가꾸시며 지냅니다. 아버지는 키가 작고 몸집이 있으십니다. 아버지께서는 너그러운 성격이십니다. 저희 어머니는 주부입니다. 어머니는 다소 통통하십니다. 어머니께서는 외향적인 분이십니다. 저희 큰누나는 디자인 회사에서 일하고 있습니다. 누나는 긴 갈색 퍼머 머리를 하고 있습니다. 누나는 성실한 사람입니다. 제 남동생은 경원대학교 4학년입니다. 동생은 몸집이 크고 건장한 남자입니다.

어휘 housewife 주부   hardworking 성실한   burly 건장한

---

1. 위 지문에서 노란색으로 표시된 부분을 살펴보고 순서대로 의미군을 적어보세요.

> e.g. She's an outgoing woman. 그녀는 / 이다 / 외향적인 사람

① He's generous. → ＿＿＿＿＿＿＿＿＿＿＿＿＿＿＿＿

② My mother is a housewife. → ＿＿＿＿＿＿＿＿＿＿＿＿＿

③ She's an outgoing woman. → ＿＿＿＿＿＿＿＿＿＿＿＿＿

> 영어식 사고
> 훈련이므로
> 반드시
> 해봅니다.

2. 다음 질문에 대해 '나'와 관련된 내용을 간단하게 적으세요.

① 가족의 수 :

② 가족의 직업 :

③ 가족의 외모 및 성격 :

자세한 문법 내용을 알아보기 전에 문법적인 지식을 확인해봅니다.

1. 다음 중 동사에 해당하는 단어에 밑줄을 치세요.

> e.g. It <u>seems</u> important to them.

① I am an engineer.

② He looks young for his age.

③ They seem happy.

④ She became an editor.

■ 위 문제에서 공통점이라 생각되는 부분 메모하기

자세한 설명은 **문법 익히기** 4. 자동사와 6. OPIc에 자주 나오는 2형식 동사 부분을 확인하세요.

2. 우리말의 밑줄 친 부분에 해당하는 영어 표현을 찾아 밑줄 치세요.

> e.g. 우리는 서로 <u>가깝게 지냅니다</u>. → We <u>are close</u> to each other.

① 저희 아버지는 매우 <u>엄격합니다</u>. → My father is very strict.

② 우리 아기는 <u>통통합니다</u>. → My baby is chubby.

③ 제 남편은 <u>일 중독자입니다</u>. → My husband is a workaholic.

④ 우리는 <u>4인 가족입니다</u>. → We are a family of four.

■ 위 문제에서 공통점이라 생각되는 부분 메모하기

자세한 설명은 **문법 익히기** 2. 보어의 형태와 4. 자동사 부분을 확인하세요.

3. 다음 중 문법적으로 알맞은 문장을 고르세요.

① a. They look alike.   b. They look likely.

② a. My son seems happily.   b. My son seems happy.

③ a. They grow older.   b. They grow elderly.

④ a. My siblings look with shocking.   b. My siblings look shocked.

■ 위 문제에서 공통점이라 생각되는 부분 메모하기

자세한 설명은 **문법 익히기** 2. 보어의 형태와 5. 보어 vs. 수식어구 부분을 확인하세요.

4. 다음 두 문장이 같은 의미가 되도록 빈칸을 채우세요.

> e.g. My father is a very strict person. 저희 아버지는 매우 엄격한 분이십니다.
> = My father is very strict.

① My daughter is a sweet girl. 제 딸은 귀여운 소녀입니다.

     = My daughter is _____.

② My father is big and burly. 저희 아버지는 몸집이 크고 건장하십니다.

     = My father is a _____.

③ My husband is a good-looking guy. 제 남편은 잘생긴 사람입니다.

     = My husband is _____.

④ My youngest sister is brilliant. 제 막내 여동생은 아주 똑똑합니다.

     = My youngest sister is a _____.

■ 위 문제에서 공통점이라 생각되는 부분 메모하기

자세한 설명은 **문법 익히기** 2. 보어의 형태 부분을 확인하세요.

1. 보어의 역할

앞서 문장의 구성요소인 주어, 동사, 목적어에 대해 알아보았습니다. 네 번째로 다룰 문장의 **구성요소는 바로 보어입니다.** 보어는 **주어와 목적어**를 더 **자세히 설명해주는 역할**을 합니다. 문장에서 보어는 여러 가지 다른 형태로 나타납니다.

2. 보어의 형태

문장에서 보어는 어떤 형태로 나타날까요? **보어**가 될 수 있는 단어(또는 구)로는 **형용사나 명사가** 있습니다. 보어가 명사로 나타날 경우 a/an 또는 -s를 붙이는 것을 잊으면 안 됩니다.

> e.g. He is a <u>gentle</u> man. 그는 친절한 사람입니다.   (man이 보어, 여기서 gentle은 man을 꾸며주는 것으로 보어 역할을 하지 않음)
>
> He is gentle. 그는 친절합니다.   (gentle이 보어)

3. 2형식 문장 형태

주어	동사	보어	
I	am	a caring person.	저는 배려심이 많은 사람입니다.
My wife	is	lovely.	제 아내는 사랑스럽습니다.
My children	are	elementary school students.	제 아이들은 초등학생입니다.
They	seem	unhappy.	그들은 행복해 보이지 않습니다.

위 문장들은 주어, 동사, 보어로 이루어져 있습니다. 여기서 보어는 주어의 상태를 부가적으로 설명합니다. 앞서 말한 대로 보어의 형태는 형용사 또는 명사의 모습을 하고 있습니다. 위와 같이 [주어+동사+보어]로 이루어진 문장을 **2형식**이라고 부릅니다.

4. 자동사

자동사의 가장 큰 특징은 목적어가 필요 없다는 것입니다. 그러나 자동사 내에서도 보어가 있느냐 없느냐에 따라 완전자동사와 불완전자동사로 구분됩니다. 완전자동사는 보어가 필요 없는 동사로 뒤에 수식어가 바로 옵니다. 앞에서 배운 1형식 동사가 이에 해당합니다. 반면 불완전자동사는 보어가 필요한 동사로, 이를 2형식 동사라고 합니다.

자동사	완전자동사	보어가 필요 없는 동사 (1형식 동사)
	불완전자동사	형용사나 명사 형태의 보어가 필요한 동사 (2형식 동사)

불완전자동사인 be동사는 그 자체의 의미를 지니지 않기 때문에 함께 나온 보어가 있어야 의미가 완성됩니다. 동사 없이 보어만 있는 경우에도 문장이 성립되지 않습니다.

5. 보어 vs. 수식어구

보어와 수식어구는 다른 개념입니다. 수식어구는 1형식, 2형식, 그리고 3형식까지 모든 문장에서 나올 수 있습니다. 문장 성분이 아니기 때문에 어떤 형태에서든 쓸 수 있는 것입니다. 반면 보어는 그렇지 않습니다. 보어를 필요로 하는 동사가 정해져 있으며, 이 동사들과 함께 써야 합니다. 보어를 필요로 하는 동사는 2형식 문장(그리고 나중에 배울 5형식 문장)에서 쓰입니다.

보어 자리에 올 수 없는 형태

부사(구)	beautifully, really, once, quite, often, seemingly

6. OPIc에 자주 나오는 2형식 동사

OPIc에는 상황이나 감정을 묘사하는 문제들이 많습니다. 그래서 다음과 같은 불완전자동사들이 많이 사용됩니다. 아래 단어들은 기본 단어로 상황에 따라 자동사가 되기도 하고 타동사가 되기도 합니다. 이들은 다음과 같은 뜻일 경우에 불완전자동사로 쓰입니다.

seem(appear) ~처럼 보이다   look ~처럼 보이다   remain ~인 채로 있다

feel ~처럼 느끼다   sound ~처럼 들리다   taste ~한 맛이 나다

get(grow) ~가 되다   become ~가 되다

※ seem과 appear는 같은 뜻이지만 seem은 구어에서 appear는 격식을 차린 의미로 문어에서 더 자주 쓰입니다.

학습한 내용을 문제를 통해 확인해봅니다.

1. 다음 문장에서 보어에 해당하는 것에 밑줄을 치세요.

① He is a lucky guy. 그는 행운아입니다.

② She seems happy. 그녀는 행복해 보입니다.

③ My mother is a conscientious teacher. 저희 어머니는 성실한 교사입니다.

④ Her wish came true. 그녀의 소원은 이루어졌습니다.

2. 다음 문장에서 밑줄 친 부분이 목적어인지 보어인지 쓰세요.

① She wears horn-rimmed glasses. 그녀는 뿔테안경을 씁니다.

② My father runs a business. 저희 아버지는 사업을 합니다.

③ My older sister got married last year. 우리 언니는 작년에 결혼했습니다.

④ We look very different. 우리는 매우 다르게 생겼습니다.

3. 주어진 단어를 넣어 영어로 답하세요.

① How many people are there in your family? (four)

→ _____.

② What does your wife do? (a doctor)

→ _____.

③ What does your father look like? (short and stout)

→ _____.

④ What is your mother like? (considerate)

→ _____.

앞에서 배운 문법 구조를 가진 다양한 표현들을 배워봅니다.

---

1. **I can't seem to~** ～할 수 없을 것 같아요

▶ I can't seem to는 시도는 했지만 할 수 없음을 의미합니다. seem 뒤에 [to+동사원형]은 to부정사로 보어 역할을 합니다. 이때 나온 동사원형은 원래 동사가 가진 특징을 통해 동사의 성격에 따라 그 뒤에 어떤 형태가 오는지 정해집니다. 예를 들어 타동사 find가 나왔으면 뒤에는 목적어가 나와야 합니다. to부정사의 역할에 대해서는 Chapter 17에서 자세히 살펴보겠습니다.

I can't seem to find the right woman. 저는 딱 맞는 여자를 찾을 수 없을 것 같아요.

I can't seem to get enough sleep. 잠을 충분히 잘 수 없을 것 같아요.

I can't seem to get along with my younger brother.
저는 남동생이랑 사이 좋게 지낼 수 없을 것 같아요.

---

2. **grow + 형용사** ～해지다

▶ grow 뒤에 형용사가 와서 '(시간이 지나면서 점차) ～해지다'라는 뜻입니다. 형용사 대신 보어 역할을 할 수 있는 to부정사가 올 수 있습니다. to부정사는 Chapter 17에서 자세히 다룹니다.

We all **grow old**. 우리 모두는 점차 나이 들고 있어요.

We've **grown to like** each other. 우리는 점차 서로를 좋아하기 시작했어요.

My son **is growing bigger**. 우리 아들은 점점 키가 크고 있어요.

---

3. **look to ~ like** ～에게 ～처럼 보이다

▶ 주어가 여럿이면 look 뒤에 –s를 빼고 주어가 하나면 look 뒤에 –s를 붙입니다. 그리고 look 뒤에 to는 전치사로 뒤에 명사가 따라옵니다. 사람 명사일 경우 목적격 대명사(me, him, her, us, them)가 옵니다.

She **looks to** me **like** a kind woman. 그녀는 저에게 친절한 여자처럼 보여요.

They **look to** me **like** a match made in heaven. 그들은 저에게 천생연분처럼 보여요.

He **looks to** me **like** a superhero. 그는 저에게 슈퍼맨처럼 보여요.

모범답안
확인하기

Q

지금까지 학습한 내용을 토대로 작성된 다른 답안을 확인해봅니다.

Please tell me about your family in as much detail as possible.
당신의 가족에 대해 가능한 한 자세히 이야기해주세요.

다음 빈칸에 알맞은 단어를 넣어 답변을 완성하세요.

1. 5인 가족 답변 ⊙ MP3 03-02

There are five people in my family. I'm the youngest of three daughters. Both my parents work. They run a small restaurant together. My eldest sister is a caring person. She ❶_____ to me ❷_____ an angel. My second eldest sister is an office worker and she is attractive. As we've ❸_____ older, we've grown closer.

저희 가족은 다섯 식구입니다. 저는 세 딸 중 막내입니다. 저희 부모님 두 분은 모두 일을 하십니다. 부모님은 작은 음식점을 함께 운영하고 있습니다. 저희 큰언니는 배려심이 많은 사람입니다. 큰언니는 제게 천사 같습니다. 둘째 언니는 회사원이고 매력적입니다. 우리는 나이가 들면서 점점 더 가까워지고 있습니다.

2. 3인 가족 답변 ⊙ MP3 03-03

We are a family of three. I got married to my wife last year. My wife works at a small-sized company. She has a great smile. She's tall and slender. We have a three-month-old baby now. My son is ❶_____ bigger. He looks to us ❷_____ a very happy baby. We ❸_____ live without him.

저희는 세 식구입니다. 저는 작년에 아내와 결혼했습니다. 제 아내는 작은 회사에서 일하고 있습니다. 제 아내는 웃는 모습이 예쁩니다. 그녀는 키가 크고 날씬합니다. 우리에게는 3개월 된 아이가 있습니다. 제 아들은 쑥쑥 자라고 있습니다. 아들은 저희에게 매우 행복한 아이처럼 보입니다. 우리는 아들 없이 살 수 없습니다.

OPIc 실전 연습

영어로 인터뷰를 한다고 상상해봅시다. 다음 질문에 영어로 대답하고 여러분의 휴대폰에 녹음해 보세요. (3~4문장 정도 얘기합니다.)

Please tell me about your family in as much detail as possible?

당신의 가족에 대해 가능한 한 자세히 이야기해주세요.

■ Your Answer

Self checkist ☑ 녹음 후 아래 내용이 포함됐는지 확인해봅니다.

1. 2형식 동사에 나오는 보어를 잘 얘기했습니까? ☐

2. 이번 Chapter에서 배운 새로운 단어를 사용했습니까? ☐

3. 3문장 이상 이야기했습니까? ☐

Neighbors 이웃

Chapter 04

이웃 소개는 Chapter 3의 '가족'과 마찬가지로 Background Survey에서 선택할 수 있는 주제는 아니지만 OPIc에 자주 출제됩니다. 특히, 레벨을 낮게 선택할수록 출제 확률이 더 높습니다. '이웃 또는 친구 소개를 할 때는 그 사람의 외모나 성격, 그리고 그들과 함께 하는 활동을 묘사합니다. 그와 관련된 문장들에 대해 알아보겠습니다.

어휘 쌓기

이웃 소개와 관련된 필수 어휘들을 얼마나 알고 있는지 확인해봅니다.

1. 다음 중 그 의미를 알고 있는 단어에 ○표 하세요.

considerate	have trouble	in one's mid	composure
read	upstairs	downstairs	

2. 우리말에 해당하는 영어단어가 바로 떠오르면 ○표 하세요.

사려 깊은	문제가 있다	30대 중반	침착함
책을 읽어 주다	위층에	아래층에	

3. 다음 단어를 이용하여 빈칸을 채우세요.

cost   left   offered   owe   saved

① I _____ him everything. 저는 그에게 많은 것을 신세지고 있습니다.

② They _____ us some food. 그들은 우리에게 음식을 제공했습니다.

③ Her parents _____ her a beautiful two-story house.
그녀의 부모님은 그녀에게 아름다운 2층집을 남겼습니다.

④ Ms. Song _____ us the best seats. Ms.Song은 우리에게 가장 좋은 자리를 잡아주었습니다.

⑤ The meal _____ him about 100,000 won. 그 식사는 약 100,000원이었습니다.

오픽 문제 살펴보기 다음 인터뷰 내용을 읽고 오픽 문제 유형을 확인해봅니다. ⊙MP3 04-01

Interviewer Please tell me about your neighbors. Where do they live? What do they look like? What do you usually do with them?

Interviewee James and Luna are the old couple who lives next to us. They're a gentle couple. James used to be a history teacher, but now he's retired. He has a sense of humor, so I always feel great when I talk to him. <mark>He teaches Korean history</mark> to children in his apartment once a week. Also, <mark>he</mark> has a lot of books and often <mark>lends people books about history</mark>. Luna, James' wife, and my wife like to share food with our neighbors. <mark>She</mark> sometimes <mark>offers her neighbors delicious food</mark> and <mark>cooks us jeon, Korean-style pancake</mark>. We get together and have dinner about twice a month.

면접관 당신의 이웃에 대해 말해주세요. 그들은 어디에 살고 있나요? 그들은 어떻게 생겼나요? 당신은 보통 그들과 무엇을 하나요?

면접자 옆집에는 노부부인 James와 Luna가 살고 있습니다. 그들은 친절한 부부입니다. James는 역사선생님이었지만, 지금은 은퇴했습니다. James는 유머감각이 있어서 그와 얘기하면 기분이 좋아집니다. 그는 일주일에 한 번씩 같은 아파트에 사는 아이들에게 한국사를 가르칩니다. 또한 그는 많은 책을 가지고 있어 종종 사람들에게 역사에 관한 책들을 빌려줍니다. James의 아내인 Luna와 제 아내는 이웃들과 음식을 나누어 먹는 것을 좋아합니다. 그녀는 종종 그녀의 이웃들에게 맛있는 음식을 제공하고 우리에게 한국 스타일의 팬케이크인 전을 요리해줍니다. 우리는 거의 한 달에 두 번 정도 모여 저녁을 함께 합니다.

어휘 next to ~옆에 gentle 친절한 used to be ~였었다 retired 은퇴한, 퇴직한
lend 빌려 주다 share 나누다 offer 제공하다 twice a month 한 달에 두 번

---

1. 위 지문에서 노란색으로 표시된 부분을 살펴보고 순서대로 의미군을 적어보세요.

> e.g. He teaches children Korean history.
> 그는 / 가르칩니다 / 아이들에게 / 한국사를

영어식 사고 훈련이므로 반드시 해봅니다.

① He often lends people books about history.

→ _____

② She often offers her neighbors delicious food.

→ _____

③ She cooks us jeon, Kokean-Style pancake.

→ _____

2. 다음 질문에 대해 '나'와 관련된 내용을 간단하게 적으세요.

① 소개하고자 하는 이웃의 이름과 직업 :

② 외모 및 성격 :

1. 각 문장에서 동사에 해당하는 단어에 밑줄을 치세요.

① I read the boy a fairy tale. 저는 그 소년에게 동화책을 읽어주었습니다.

② They gave us a hand. 그들은 우리에게 도움을 주었습니다.

③ She showed me a picture of her family. 그녀는 가족 사진을 제게 보여주었습니다.

④ They brought their neighbors rice-cakes when they moved in.
그들은 이사 왔을 때 이웃들에게 떡을 주었습니다.

- 위 문제에서 공통점이라 생각되는 부분 메모하기

자세한 설명은 **문법익히기** 5. OPIc에 자주 나오는 4형식 동사 부분을 확인하세요.

2. 밑줄 친 우리말에 해당하는 영어 단어를 찾아 밑줄 치세요.

> e.g. 나는 동생에게 문자 메시지를 보냈습니다. → I sent my brother a text message.

① 한 달에 한 번 저는 그들에게 편지를 씁니다.
→ I usually write them a letter once a month.

② 그들은 제게 직장을 제시했습니다. → They offered me the job.

③ 그는 제게 소포를 주었습니다. → He handed me the parcel.

④ 부탁을 좀 들어주실래요? → Can you do me a favor?

- 위 문제에서 공통점이라 생각되는 부분 메모하기

자세한 설명은 **문법익히기** 1. 4형식 문장 형태 부분을 확인하세요.

3. 다음 중 밑줄 친 부분에서 명사의 개수를 쓰세요.

> e.g. They left me no choice. 그들은 제게 어떤 선택의 여지도 남기지 않았습니다. → [명사 2개]

① Please tell us the whole story. 자초지종을 들려주세요.

② We offer excellent service. 저희는 훌륭한 서비스를 제공합니다.

③ Please show me the way to the subway. 지하철까지 가는 길을 알려주세요.

④ We pay monthly rent to the old lady. 우리는 그 노부인에게 월세를 내야 합니다.

■ 위 문제에서 공통점이라 생각되는 부분 메모하기

자세한 설명은 **문법 익히기** 2. 목적어 vs. 수식어구 부분을 확인하세요.

4. 다음 두 문장은 같은 의미입니다. 두 문장에서 서로 다른 곳에 밑줄 치세요.

> e.g. I'll mail my grandparents a letter. 저는 할머니, 할아버지께 편지를 쓸 거예요.
> = I'll mail a letter to my grandparents.

① I made James a bowl of soup. 저는 James에게 스프를 만들어 주었습니다.
   = I made a bowl of soup for James.

② They brought us some boxes. 그들은 저희에게 박스를 가져다 주었습니다.
   = They brought some boxes to us.

③ Alyssa asked me a strange question. Alyssa는 제게 이상한 질문을 했습니다.
   = Alyssa asked a strange question of me.

④ We'll send you a text message. 우리는 당신에게 문자를 보낼 것입니다.
   = We'll send a text message to you.

■ 위 문제에서 공통점이라 생각되는 부분 메모하기

자세한 설명은 **문법 익히기** 4. 4형식 → 3형식 전환에 따른 전치사 부분을 확인하세요.

1. 4형식 문장 형태

주어	동사	사람 명사	사물 명사	해석
They	show	people	the ropes.	그들은 사람들에게 요령을 알려줍니다.
We	cooked	Jack	a wonderful meal.	우리는 Jack에게 멋진 식사를 요리해주었습니다.
They	gave	us	a new bicycle.	그들은 우리에게 새 자전거를 주었습니다.

Chapter 1에서는 목적어가 하나인 3형식 문장을 배웠습니다. 이번에는 동사 뒤에 명사 2개가 나란히 오는 문장에 대해 알아봅니다. 위 예문들은 모두 명사 2개가 나란히 있는데, 이 배열에는 공통점이 있습니다. 앞에는 사람 명사가, 뒤에는 사물 명사가 왔다는 것입니다. 사람 명사 부분은 우리말로 '~에게'에 해당하는 부분으로 간접목적어라고 부릅니다. 사물 명사에 해당하는 부분은 '~을, 를'로 해석되며 직접목적어라고 부릅니다. 이와 같이 목적어를 두 개 가지는 문장을 **4형식 문장**이라고 합니다. 이렇게 **문장에서 목적어 1개가 올지 2개가 올지는 동사가 결정하며, 결국 어떤 동사가 오느냐에 따라 문장 형태를 결정할 수 있습니다.**

2. 목적어 vs. 수식어구

위 문장들은 간단한 형태이기 때문에 목적어를 쉽게 찾을 수 있지만 문장이 길어지면 명사 하나에 다양한 수식어구가 붙을 수 있습니다. 예를 들어, a wonderful meal과 a new bicycle에서 목적어에 해당하는 명사는 meal, bicycle입니다. 명사 앞에 붙은 수식어구를 무시하고 문장 구조를 보는 연습이 필요합니다. 또한 명사와 명사 사이에도 부사와 같은 수식어구가 올 수 있습니다. 이때 역시 수식어구는 무시하고 목적어를 찾는 연습을 해야 합니다.

> e.g. Please tell <u>us</u> the whole <u>story</u>. 전체 이야기를 들려주세요.
>
> us → 간접목적어, story → 직접목적어, the whole 명사에 붙은 수식어구
>
> Please show <u>me</u> the <u>way</u> to the subway. 지하철까지 가는 길을 알려주세요.
>
> me → 간접목적어, way → 직접목적어, to the subway는 way에 붙은 수식어구(전치사+명사 형태)
>
> ※ 수식어구는 '부사' 또는 '전치사+명사' 형태입니다.

3. 4형식 → 3형식 전환

앞서 언급한 것처럼 4형식으로 문장을 나타낼 수 있지만 우리는 가끔 직접목적어인 사물을 강조하고 싶을 때가 있습니다. 이 경우에 간접목적어를 직접목적어 뒤에 오게 합니다. 또는 간접목적어인 사람에 대해 더 자세한 부연설명을 하기 위해 간접목적어가 길어질 때가 있습니다. 이 경우에도 간접목적어를 직접목적어 뒤로 이동할 수 있습니다. 하지만 무조건 위치를 바꿀 수는 없고 간접목적어가 뒤로 가기 위해서는 전치사가 필요합니다. 그렇게 되면 직접목적어인 명사 하나만 남고 간접목적어는 전치사 뒤에 오기 때문에 수식어가 되므로 동사의 목적어 역할은 할 수 없습니다. 이 구조는 3형식과 같습니다.

〈형태〉

4형식(목적어 2개)	3형식(목적어 1개)
They brought us some boxes. 주어　　동사　명사1(간목)　명사 2(직목) 그들은 우리에게 박스를 가져다 주었습니다.	They brought some boxes to us. 주어　　동사　　명사1(직목) 부사구(전치사+명사)

4. 4형식 → 3형식 전환에 따른 전치사

'문법 체크'의 4번 문제를 보면 4형식에서 3형식으로 바뀌면서 간접목적어 앞에 매번 다른 전치사가 오는 것을 볼 수 있습니다. 이때 필요한 전치사는 크게 to, for, of로 구분할 수 있습니다. 이 중 어떤 전치사를 사용할지 결정하는 것은 4형식 동사입니다. 아래와 같이 동사에 따라 나올 수 있는 전치사가 다릅니다.

give, send, bring, hand, sell, pay		to + 사람 명사
buy, build, make, get, order	직접목적어	for + 사람 명사
ask		of + 사람 명사

5. OPIc에 자주 나오는 4형식 동사

OPIc 시험에는 활동이나 사건을 묘사하는 문제들이 많은데, 대부분 다른 사람과 연관된 내용입니다. 아래 단어들은 어떤 대상(간접목적어)에게 무엇인가(직접목적어)를 행하는 것과 관련된 것들입니다.

give, hand ~에게 ~을 주다　　**pass** ~에게 ~을 건네다　　**offer** ~에게 ~을 제공하다

pay ~에게 ~을 지불하다　　**cook** ~에게 ~을 요리해주다　　**lend** ~에게 ~을 빌려주다

tell ~에게 ~을 말하다　　**ask** ~에게 ~을 묻다　　**buy** ~에게 ~을 사주다

show ~에게 ~을 보여주다　　**read** ~에게 ~을 을 읽어주다　　**bring** ~에게 ~을 가져다주다

학습한 내용을 문제를 통해 확인해봅니다.

1. 다음 문장에서 목적어를 찾아 밑줄 치고, 간접목적어인지 직접목적어인지 쓰세요.

> e.g. She threw <u>us</u> <u>the ball</u>. 그녀는 우리에게 그 공을 던졌습니다.
> 간접목적어 직접목적어

① We promised him a significant reward if he did it.
만약 그가 그 일을 해준다면 우리는 그에게 상당한 보상을 줄 것이라고 약속했습니다.

② They gave us a new bicycle. 그들은 우리에게 새 자전거를 주었습니다.

③ We cooked Jack and Mike a wonderful meal. 우리는 Jack과 Mike에게 멋진 요리를 해주었습니다.

④ It usually takes us three hours. 그것은 보통 3시간 걸립니다.

2. 다음 문장이 몇 형식인지 써보세요.

> e.g. I'll <u>make</u> <u>them</u> <u>some coffee</u>. 저는 그들에게 커피를 타줄 거예요. → 4형식
> 동사 명사 명사

① Minho teaches the boys everything about camping.
민호는 남자아이들에게 캠핑에 관한 모든 것을 가르칩니다.

② A new neighbor moved into our apartment building last month.
지난달, 새로운 이웃이 우리 아파트에 이사를 왔습니다.

③ He has a lot of computer games. 그는 많은 컴퓨터 게임을 가지고 있습니다.

④ Sometimes senior people show younger people the ropes.
때때로 나이든 사람들은 젊은 사람들에게 요령을 가르쳐줍니다.

3. 다음 질문에 대한 대답을 주어진 단어를 넣어 영어로 답하세요.

① What did you give her? (a bouquet of flowers)

→ _____.

② For whom do you cook spaghetti? (my aunt)

→ _____.

③ What will you send your friend? (a postcard)

→ _____.

④ What does he teach his students? (the Korean Alphabet)

→ _____.

앞에서 배운 문법 구조를 가진 다양한 표현들을 배워봅시다.

---

1. **give + 사람 + a hand** ～를 돕다

▶ 여기서 hand 는 손이 아니라 '도움'을 의미합니다.

They **gave** me **a hand** with the dishes after dinner.
저녁식사가 끝나고 그들은 저를 도와 접시를 닦았습니다.

We **give** our old neighbors **a hand** carrying their shopping bags.
우리는 어르신이 쇼핑백 나르는 것을 도와줍니다.

I **gave** a little girl **a hand** with her homework. 저는 한 소녀의 숙제를 도와주었습니다.

---

2. **show + 사람 + respect** ～에게 존경심을 보이다(공경하다)

▶ respect는 공경심을 의미하는 단어로 deep, great이라는 형용사와 자주 쓰이며 3형식으로 바꿔 쓸 수 있습니다. 3형식으로 바꿔 쓸 때는 전치사 for/to와 함께 씁니다.

My parents **show** their neighbors deep **respect**. 우리 부모님은 이웃을 진심으로 존중합니다.

My neighbors upstairs **show** my grandparents great **respect**.
위층에 사는 이웃들은 저희 할아버지, 할머니를 대단히 공경합니다.

They're rude. They **show** their neighbors no **respect**.
그들은 무례합니다. 그들은 이웃을 존중하지 않습니다.

---

3. **주어 + assure + 사람 + that + 주어 + 동사** ～가 ～에게 ～을 확신하다

▶ 동사 assure는 목적어로 사람이 옵니다. 사람 목적어 뒤에 확신하는 내용이 문장으로 길어진다면 명사절 접속사 that을 이용해 쓰고, 명사인 경우에는 전치사 of와 함께 씁니다.

They **assure me that** they will come here. 그들은 여기 올 수 있다고 제게 확신을 주었습니다.

She has **assured us that** she'll be fine. 그녀는 우리에게 그녀가 괜찮을 거라고 확신했었습니다.

He **assured me that** he could help me. 그는 저를 도울 수 있다고 확신했습니다.

Q 지금까지 학습한 내용을 토대로 작성된 다른 답안을 확인해봅니다.

Please tell me about your neighbors. Where do they live? What do they look like? What do you usually do with them?

당신의 이웃에 관해 이야기해주세요. 그들은 어디에 살고 있나요? 그들은 어떻게 생겼나요? 당신은 보통 그들과 무엇을 하나요?

다음 빈칸에 알맞은 단어를 넣어 답변을 완성하세요.

1. 아래층에 사는 이웃

◎ MP3 04-02

I'd like to tell you about Hyundo who lives downstairs from me. He's in his mid thirties and single. He wears glasses. He looks intelligent. Hyundo is a computer programmer. He always ❶_____ me a hand with my computer whenever I have trouble with it. Hyundo and I have a lot in common. For example, we love to play soccer and computer games. So, we play soccer together every Sunday morning. He's also polite and he ❷_____ the village elders great respect. I ❸_____ him for his composure.

저는 아래층에 살고 있는 현도에 관해 말하고 싶습니다. 그는 30대 중반이고 미혼입니다. 그는 안경을 씁니다. 그는 이지적으로 생겼습니다. 현도는 컴퓨터 프로그래머입니다. 그는 제 컴퓨터에 문제가 있을 때마다 항상 제게 도움을 줍니다. 현도와 저는 공통점이 많습니다. 예를 들어, 우리는 축구와 컴퓨터 게임하는 것을 좋아합니다. 그래서 우리는 매주 일요일 아침에 함께 축구를 합니다. 그는 또한 예의가 바르며 동네 어른들을 공경합니다. 저는 그의 평정심이 부럽습니다.

2. 위층에 사는 이웃

◎ MP3 04-03

Yujoo is one of my favorite neighbors. She lives upstairs from me. She's a newly married woman. She's outgoing and a people person. When she meets people, she ❶_____ them a friendly smile. Also, she always gives her neighbors ❷_____ _____ when they're in trouble. She's considerate towards her neighbors and shows people deep ❸_____. That's why many people like her very much.

유주는 제가 가장 좋아하는 이웃 중 한 명입니다. 그녀는 위층에 살고 있습니다. 그녀는 새댁입니다. 그녀는 외향적이고 사교성이 많은 사람입니다. 그녀는 사람들을 만날 때 그들에게 친절한 미소를 짓습니다. 또한 그녀는 이웃들에게 문제가 생겼을 때 항상 도와줍니다. 그녀는 이웃들에게 사려 깊으며 사람들을 존중합니다. 그 점이 많은 사람이 그녀를 좋아하는 이유입니다.

영어로 인터뷰를 한다고 상상해봅시다. 다음 질문에 영어로 말하고 여러분의 휴대폰에 녹음해보세요. (3~4문장 정도 얘기합니다.)

**Please tell me about your neighbors.
Where do they live? What do they look
like? What do you usually do with them?**

당신의 이웃에 관해 말해주세요. 그들은 어디에 살고 있나요?
그들은 어떻게 생겼나요? 당신은 보통 그들과 무엇을 하나요?

■ Your Answer

Self checkist ☑ 녹음 후 아래 내용이 포함됐는지 확인해봅니다.

1. 4형식 문장을 바르게 이야기했습니까? ☐

2. 이번 Chapter에서 배운 새로운 단어를 사용했습니까? ☐

3. 3문장 이상 이야기했습니까? ☐

House 집

OPIc에는 자신이 살고 있는 거주지에 대한 질문이 자주 출제됩니다. 대표적인 문제로 집을 묘사하는 문제가 있고, 이와 관련해서 가장 좋아하는 방 또는 가장 좋아하는 장소를 묘사하고 왜 좋아하는지 묻는 문제도 출제되고 있습니다.

거주지 묘사와 관련된 어휘들을 얼마나 알고 있는지 확인해봅니다.

1. 다음 중 그 의미를 알고 있는 단어에 ◯표 하세요.

bond	study	gentle breeze	rooftop	shed
armchair	next to	right opposite	come through	

2. 우리말에 해당하는 영어 단어가 바로 떠오르면 ◯표 하세요

유대감	서재	산들바람	옥상	창고
안락의자	~옆에	바로 맞은편에	~를 통해 들어오다	

3. 다음 단어를 이용하여 빈칸을 채우세요.

elected	named	makes	found	call

① We _____ the puppy Hoya. 우리는 그 강아지에게 호야라는 이름을 붙였습니다.

② I _____ the back yard "Secret Forest". 저는 그 뒤뜰을 '비밀의 숲'이라고 부릅니다.

③ They _____ him to be the team leader. 그들은 그를 팀 대표로 뽑았습니다.

④ I _____ the hotel room very comfortable. 저는 호텔방이 매우 편하다는 것을 알았습니다.

⑤ My nephew _____ me happy all the time. 저희 조카는 저를 항상 행복하게 합니다.

Interviewer Please describe your favorite place in your house. What do you like about it the most?

Interviewee My favorite place in my house is the study. A couple of years ago, my family didn't use the study often because we found it dirty and dark. However, one day we decided to decorate it ourselves and name it "Study Café." On one side of the wall, there are two big brown wooden desks side by side. We painted the wall brown. The color makes us feel comfortable. On the other side, there is a tall black bookshelf full of books. What I like about the study the most is the large window on the far side because it lets in a lot of natural sunlight and brightens up the room.

면접관 집에서 가장 좋아하는 장소를 묘사해주세요. 어떤 점이 가장 마음에 드나요?

면접자 우리집에서 제가 가장 좋아하는 장소는 서재입니다. 몇년 전에는 우리집 서재가 지저분하고 어두워서 가족 모두가 사용하지 않았습니다. 어느 날, 가족들은 그 서재를 직접 꾸미기로 결정하고 '스터디 카페'라는 이름도 붙이기로 했습니다. 벽 한쪽에는 나무로 된 큰 책상 2개가 나란히 있습니다. 우리는 벽을 갈색으로 칠했습니다. 갈색은 편안함을 주는 색입니다. 다른 쪽에는 책으로 가득 찬 큰 검은색 책장이 있습니다. 서재에서 가장 마음에 드는 점은 방 한편에 있는 큰 창문입니다. 왜냐하면 그 창문 때문에 햇빛이 많이 들어 방을 환하게 밝혀주기 때문입니다.

어휘 oneself 스스로, 혼자 힘으로   side by side 나란히   full of ~로 가득 찬   brighten up ~을 밝게 하다

---

1. 위 지문에서 노란색으로 표시된 부분을 살펴보고 순서대로 의미군을 적어봅니다.

> e.g. We found the study dirty and dark.
> 우리는 / ~라는 것을 알았습니다 / 서재가 / 지저분하고 어둡다는

영어식 사고 훈련이므로 반드시 해봅니다.

① We decided to name it "Study Café." → _____

② We painted the study brown. → _____

③ The color makes us feel comfortable. → _____

2. 다음 질문에 대해 '나'와 관련된 내용을 간단하게 적으세요.

① 좋아하는 장소 :

② 그 장소의 구조 :

③ 그 장소에서 가장 좋아하는 점 :

1. 동사에 해당하는 단어에 밑줄을 치세요.

① People call him a liar. 사람들은 그를 거짓말쟁이라고 부릅니다.

④ Their visit made us happy. 그들의 방문이 우리를 기쁘게 했습니다.

④ Coffee keeps me awake. 커피는 저를 졸지 않게 해줍니다.

④ I named the little puppy Hoyoung. 저는 그 작은 강아지의 이름을 호영이라고 지었습니다.

■ 위 문제에서 공통점이라 생각되는 부분 메모하기

자세한 설명은 **문법 익히기** 1. 5형식 문장 형태 부분을 확인하세요.

2. 밑줄 친 우리말에 해당하는 영어 단어를 찾아 밑줄 치세요.

> e.g. 그들이 그 집을 짓도록 시켰습니다. → They had the house built.

① 저는 그 기회를 중요하게 여겼습니다.

→ I considered the opportunity important.

② 우리는 벽을 핑크색으로 칠했습니다.

→ We painted the walls pink.

③ 저는 모든 것이 완벽하길 원해요.

→ I want everything to be perfect.

④ 그녀는 방의 밝은 빛이 거슬린다는 것을 알았습니다.

→ She found the bright lights in the room uncomfortable.

■ 위 문제에서 공통점이라 생각되는 부분 메모하기

자세한 설명은 **문법 익히기** 1. 5형식 문장 형태 부분과 2. 목적격 보어의 역할 부분을 확인하세요.

3. 밑줄 친 부분의 품사를 쓰세요.

> e.g. I made myself clear. 저는 제가 하고자 하는 말을 분명하게 표현했습니다.
> 동사   명사   형용사

① I have my hands full now. 저는 지금 바빠요.

② Don't get me wrong. 저를 오해하지 마세요.

③ The decision made her a wealthy woman. 그 결정 때문에 그녀는 부유해졌습니다.

④ Please get your report done by tomorrow. 내일까지 보고서를 마치세요.

■ 위 문제에서 공통점이라 생각되는 부분 메모하기

자세한 설명은 **문법 익히기** 1. 5형식 문장 형태 부분과 3. 목적격 보어 형태 부분을 확인하세요.

4. 문맥상 밑줄 친 동사의 의미로 맞는 것을 고르세요.

> e.g. I had my hair cut. ⓐ ~을 하게 하다   b) 가지다

① I'll have my car repaired.	a) 가지다	b) ~을 하게 하다
② He made it neat and tidy.	a) ~을 하게 만들다	b) ~을 만들다
③ Please let me try it again.	a) ~을 하게 허락하다	b) 발생하다
④ The color makes a big difference.	a) ~을 만들다	b) ~을 하게 시키다

■ 위 문제에서 공통점이라 생각되는 부분 메모하기

자세한 설명은 **문법 익히기** 6. to부정사 vs. 원형부정사 부분을 확인하세요.

1. 5형식 문장 형태

영어에서 동사는 매우 중요합니다. 동사에 따라 뒤에 나오는 단어가 어떤 형태로 쓰일지 결정되기 때문입니다. 아래 예문에서는 목적어와 보어가 동사 뒤에 있습니다. 이를 5형식 문장이라고 합니다.

〈5형식 문장〉

주어	동사	목적어	보어	
People	called	him	a liar.	사람들은 그를 거짓말쟁이라고 불렀습니다.
Their visit	made	us	happy.	그들의 방문은 우리를 행복하게 했습니다.
Coffee	keeps	me	awake.	커피는 제가 졸지 않게 해줍니다.

2. 목적격 보어의 역할

위 예문에서 목적어 뒤에 나오는 보어는 어떤 역할을 할까요? 목적어 뒤에 나온 보어는 목적어의 상태나 동작 등을 더 자세하게 설명해주는 역할을 합니다.

e.g. I considered the opportunity important. 저는 그 기회를 중요하게 여겼습니다.

목적어   보어

여기서 보어인 important가 꾸며주는 것은 바로 앞에 나온 명사 opportunity입니다.

3. 목적격 보어 형태

목적격 보어 자리에 올 수 있는 단어는 명사 또는 형용사 역할을 하는 것들입니다. 가장 단순한 형태는 단어 자체가 명사와 형용사로 표시되는 단어들입니다. 좀 더 복잡한 형태인 부정사/현재분사, 또는 과거분사 등도 보어로 올 수 있습니다.

〈목적 보어 자리에 올 수 있는 것〉

명사/대명사	teacher, doctor, president
형용사	beautiful, happy, awake
부정사/현재분사	to move, to go, to paint, singing, running, touching
과거분사	built, repaired, stolen

4. 주격 보어와 목적격 보어의 차이

지금까지 총 다섯 가지 문장 형태에 대해 알아보았습니다. 그 중 보어가 나온 것은 2형식으로 [주어+동사+보어] 형태였습니다. 그렇다면 2형식에 나온 보어와 5형식에 나온 보어는 어떻게 다를까요? 2형식에 나온 보어는 주어를 설명해주는 주격 보어입니다. 5형식에 나온 보어는 목적격 보어이며, 목적어에 대한 부연설명을 해줍니다.

e.g. **She** is a **president**. 그녀는 대표입니다.   (2형식) She=president
　　　주어　　　　　주격 보어

　　 We elected her president. 우리는 그녀를 대표로 선출했습니다.   (5형식) her=president
　　　　　　　　목적격　목적격 보어

5. 4형식과 5형식의 차이

4형식은 목적어를 두 개 취하는 것 기억하시죠? 즉, 4형식 동사 뒤에는 명사인 목적어가 두 개 나옵니다. 그런데 5형식에서도 보어 자리에 명사가 옵니다. 그렇다면 4형식과 5형식은 어떻게 구분할까요? 예문을 보면 목적격 보어는 목적어의 직업이나 지위를 설명하는 반면, 4형식에서 동사 뒤에 명사 두 개, 즉 her와 coffee의 관계가 동일하지도 않을뿐더러 her에 대한 설명을 하고 있지 않습니다.

e.g. **The decision made her a wealthy woman**. 그 결정은 그녀를 부유한 사람으로 만들었습니다.
　　　　　　　　　　목적어　　　　　목적격 보어　(5형식) her=a wealthy woman

　　 He made her some coffee. 그는 그녀에게 커피를 타주었습니다.
　　　　　　　간접목적어　　직접목적어　　　　(4형식) her와 coffee는 전혀 상관 없음

6. to부정사 vs. 원형부정사

앞서 목적격 보어로 to부정사가 올 수 있다고 배웠습니다. 그런데 일부 5형식 동사 중 to부정사를 목적격 보어로 쓰지 않는 동사군이 있습니다. 이에 해당하는 것이 사역동사와 감각동사입니다. 사역동사는 '누군가에게 어떤 일을 시키다'라는 의미의 동사들을 가리키며, 감각동사는 신체감각과 관련된 의미의 동사들입니다. 이런 동사들은 목적격 보어 자리에 to부정사가 올 수 없습니다. 대신 동사 원형인 원형부정사가 보어 자리에 옵니다. (예외: 동사 help는 목적격 보어 자리에 to부정사와 원형부정사가 모두 올 수 있습니다.)

구분	동사	예문
사역동사	let, have, make	The color makes us feel comfortable. 　　　　　사역동사　목적격 보어(원형부정사)
감각동사	see, watch, hear, feel, etc	We watched them paint a wall. 　　감각동사　　　목적격 보어(원형부정사)
일반동사	get, enable, encourage, etc	The color makes us feel comfortable. 　　　　　사역동사　목적격 보어(원형부정사)

학습한 내용을 문제를 통해 확인해봅니다.

1. 다음 문장에서 밑줄 친 부분이 주격 보어인지 목적격 보어인지 쓰세요

> e.g. I'm happy.
> 주격 보어

① She makes me <u>happy</u>.

② These shoes are <u>comfortable</u>.

③ I find the story <u>interesting</u>.

④ My mom always keeps the house <u>neat and tidy</u>.

2. 다음 문장이 4형식인지 5형식인지 쓰세요.

> e.g. I keep the room clean. → [5형식]
> 동사　　목적어　목적격 보어

① They made the candidate an offer.

② We made the bedroom larger by organizing his belongings.

③ The decision to invest in stocks made her a wealthy woman.

④ He made her some coffee.

3. 다음 질문에 대한 대답을 주어진 단어를 넣어 영어로 답하세요.

① What kind of color did he paint his bedroom? (blue)

→ _____.

② What makes you happy? (TV)

→ _____.

③ What should I call you? (Alice)

→ _____.

④ How does the rooftop garden make you feel? (garden)

→ _____.

---

1. 주어 + make(s) + 사람 + feel + 감정 형용사 ～가 ～에게 ～한 기분이 들게 하다

▶ make는 사역동사라 목적보어 자리에 원형부정사가 옵니다. 그래서 목적어 뒤에 feel이 원형으로 왔습니다. 이 표현은 특히 회화에서도 많이 사용되는 구문입니다.

The noise **made** us **feel** annoyed. 그 소음은 우리의 신경을 거슬리게 했습니다.

The cool breeze outside **makes** me **feel** great. 바깥의 시원한 산들바람은 제 기분을 좋게 합니다.

This room's aroma **makes** me **feel** relaxed. 이 방의 향기는 저에게 편안한 기분이 들게 합니다.

---

2. 주어 + keep(s) + 목적어 + 형용사 ～가 ～한 상태에 있다

▶ 여기서 keep은 '어떤 상태에 있게 하다'라는 의미입니다. 동사 keep은 '어떤 상태에 두다'라는 수동의 의미이기 때문에 과거분사와 함께 자주 쓰입니다.

These living boxes will **keep** our **room tidy**. 이 리빙박스로 방을 정돈할 수 있을 것입니다.

I always **keep** my fingers **crossed** when he's taking an important test.
저는 그가 중요한 시험을 칠 때마다 행운을 빌어줍니다.   🔴 keep one's fingers crossed 행운을 빌다

Keep your furniture **looking-good** by taking good care of it.
가구들을 잘 관리해서 깨끗해 보이게 하세요.

---

3. 주어 + find(found) + it + 형용사 + to ～가 ～하다는 것을 알다

▶ 여기서 find는 '～을 알게 되다'라는 의미입니다. find 뒤에 나온 it은 목적어가 너무 길어지는 경우 목적어를 뒤에서 자세히 설명하기 위해 대신 사용한 것입니다. 진짜 목적어는 to부정사 뒤가 됩니다.

I **found it** impossible **to** fix the broken faucet.
고장 난 수도꼭지를 고치는 게 불가능하다는 것을 알았습니다.

I **found it** interesting **to** water the plants. 꽃에 물을 주는 게 재미있다는 것을 알았습니다.

I **found it** difficult **to** paint the walls. 저는 벽에 페인트 칠하는 게 어렵다는 것을 알았습니다.

Q

지금까지 학습한 내용을 토대로 작성된 다른 답안을 확인해봅니다.

Please describe your favorite place in your house. What do you like about it the most?

당신의 집에서 가장 좋아하는 장소를 묘사해주세요. 어떤 점이 가장 마음에 드나요?

다음 빈칸에 알맞은 단어를 넣어 답변을 완성하세요.

1. 옥상

`MP3 05-02`

I live in a two-story house. My favorite place is the rooftop. We have a small vegetable garden on it. We grow plants such as carrots and cabbages. On the left side of the rooftop is a patch of grass. On the right side, there is a small shed. In the shed, there are a lot of tools for gardening. My mom always ❶_____ the shed clean. In the center of the rooftop, there stands a wide and large wooden bench. What I like about it is gardening. Gardening makes me ❷_____ great. Also I ❸_____ growing vegetables relaxing and rewarding.

저는 2층 주택에 살고 있습니다. 제가 좋아하는 곳은 옥상입니다. 옥상에는 작은 텃밭이 있습니다. 우리는 당근과 양배추 같은 채소를 키우고 있습니다. 옥상의 왼편은 텃밭입니다. 오른쪽에는 작은 창고가 있습니다. 그 창고에는 텃밭을 가꾸는 데 필요한 도구가 많습니다. 저희 어머니는 그 헛간이 항상 깨끗하도록 관리합니다. 옥상 가운데에는 넓직하고 큰 평상이 있습니다. 제가 가장 좋아하는 일은 바로 텃밭 가꾸는 일입니다. 이 일은 기분이 좋아지게 합니다. 또한, 채소를 키우는 일은 보람도 있고 마음도 편안해지는 것이라는 것을 알았습니다.

2. 침실

`MP3 05-03`

My favorite place is my bedroom. The first thing you see when you come into my room is my computer desk and a comfortable looking armchair next to it. Behind the armchair, there's a large window, which I always keep wide open so that a gentle breeze can come into the room. My bed and closet are opposite the armchair. What I like most about my room is the armchair because it ❶_____ me feel calm and relaxed when I sit in it. Another thing I like is my bed. I ❷_____ it important ❸_____ _____ on a comfortable mattress.

제가 가장 좋아하는 장소는 제 침실입니다. 제 방에 들어오면 가장 먼저 볼 수 있는 것이 컴퓨터 책상과 그 책상 옆에 있는 편안해 보이는 안락의자입니다. 안락의자 뒤에는 큰 창문이 있습니다. 저는 산들바람이 창을 통해 들어올 수 있도록 항상 창문을 활짝 열어둡니다. 안락의자 바로 맞은편에는 침대와 옷장이 있습니다. 제 방에서 가장 마음에 드는 것은 안락의자입니다. 안락의자에 앉아 쉬면 마음이 차분하고 편안해지기 때문입니다. 제가 좋아하는 또 다른 것은 침대입니다. 저는 편안한 매트에서 자는 게 중요하다고 생각합니다.

영어로 인터뷰를 한다고 상상해봅시다. 다음 질문에 영어로 대답하고 여러분의 휴대폰에 녹음해보세요. (3~4문장 정도 얘기합니다.)

Please describe your favorite place in your house. What do you like about it the most?

당신 집에서 가장 좋아하는 장소를 묘사해주세요.
어떤 점이 가장 마음에 드나요?

■ Your Answer

Self checkist ☑ 녹음 후 아래 내용이 포함됐는지 확인해봅니다.

1. 5형식 동사에 나오는 보어를 잘 얘기했습니까? ☐
2. 이번 Chapter에서 배운 새로운 단어를 사용했습니까? ☐
3. 3문장 이상 이야기했습니까? ☐

OPIc 시험은 말하기 시험입니다. 말하기 시험에서 좋은 점수를 얻기 위해서는 발음 연습을 빼놓을 수 없습니다. 발음을 연습할 때 간단한 Tip만으로도 좀 더 자연스럽고 유창하게 말할 수 있습니다. 단기간에 여러분의 발음을 향상시키는 데 도움이 될 Tip을 정리했습니다.

TIP#1 억양에 신경 쓰자!　　　　　　　　　　　　　　　　　　　　🔘 **MP3 발음 01**

영어에서는 억양이 매우 중요합니다. 억양에 따라 전달하고자 하는 목적이나 의도가 달라지기 때문입니다. 억양을 달리하는 방법으로는 강조하고자 하는 단어를 더 힘을 주어 말하면서 한 음 높여 말하는 것입니다. 억양 규칙을 암기하기보다는 의미를 먼저 생각하여 강조하고자 하는 단어를 마음에 두고 아래와 같이 힘주어 말하거나 한 음 높여 말하는 연습을 해봅니다.

Q1: Did Johan make a reservation for the room? (Johan을 강조)

A1: No, Tom did. (누구에 관한 것을 강조하기 때문에 사람에 관해 답함)

Q2: Did Johan make a reservation for the room? (reservation을 강조)

A2: Yes, he did. (무엇을 했는지 강조했기 때문에 그에 대해 답함)

Q3: Did Johan make a reservation for the room? (room을 강조)

A3: No, he made a reservation for the table.
(무엇을 예약했는지 강조했기 때문에 그에 대해 답함)

TIP#2 내용어와 기능어의 무게는 다르다!

한글은 성조가 없는 언어라 한 문장에서 모든 단어에 똑 같은 강세가 들어가지만 영어는 그렇지 않습니다. 영어는 내용상 중요한 단어들은 강세를 주어 크고 정확하게 발음하지만 중요하지 않는 단어들은 약하게 발음합니다. 의미를 전달함에 있어 실질적인 의미를 지닌 단어들을 '내용어'라고 하고 문장에서 실질적인 의미 없이 문법적 역할을 하는 단어들을 '기능어'라고 합니다. 말할 때 내용어는 더 강하게 말하고 기능어는 상대적으로 약하게 발음합니다.

내용어(content words)	동사, 명사, 형용사, 부사
기능어(function words)	관사(a, an), 전치사, 조동사(can), 접속사(and, so), 대명사(him, her)

한국인이 자주 틀리는 발음 중 하나가 모음 [i]와 [ɪ] 발음입니다. 예를 들어, sheet는 '종이 한 장'이란 의미지만 shit은 속어이기 때문에 잘못 발음하면 어색한 상황이 연출될 수 있습니다. [i]는 길게, 입을 옆으로 벌려 발음하고 [ɪ]는 짧게, 그리고 볼과 혀의 긴장을 풀고 발음합니다.

[i]	[ɪ]
beach	bitch
heel	hill
feel	fill
leave	live
eat	it
cookie	

단어에서 -ee-, -ea-, -ie-와 같은 스펠링이 있으면 [i]로 발음됩니다. 두 모음을 의식적으로 비교해서 연습해보세요.

대표적인 2형식 동사는 바로 be동사입니다. 문장에서 She is, He is, They are, I am과 같이 쓰인 표현을 본 기억이 있을 텐데, 이는 구어체보다 문어체에서 많이 쓰이는 방식입니다. OPIc이 실제 말하기 능력을 평가하는 시험인만큼 되도록 축약해서 발음합니다. 한 가지 명심할 것은 She's나 He's가 과거형의 줄임이 아니라는 점입니다.

※ she was → she's (x)

기본형	축약형(구어)
I am	I'm
She is	She's
He is	He's
They are	They're
You are	You're

Cooking 요리하기

OPIc Background Survey에서 많은 응시자가 선택하는 주제가 바로 요리입니다. 요리 영역에서는 과거에 누구를 위해 어떤 요리를 해주었는지 묻는 문제가 자주 출제됩니다. 이와 같은 답변을 할 때 필요한 과거시제에 대해 살펴보겠습니다.

어휘 쌓기

요리하기와 관련된 어휘들을 얼마나 알고 있는지 미리 확인해봅니다.

1. 다음 중 그 의미를 알고 있는 단어에 ○표 하세요.

stew	steamed dish	bake	do the cooking
prepare	housewarming party	invite ~ over to	

2. 우리말에 해당하는 영어 단어가 바로 떠오르면 ○표 하세요.

찌개	찜(요리)	굽다	요리하다
준비하다	집들이	~를 ~로 초대하다	

3. 다음 단어를 이용하여 빈칸을 채우세요.

added	broiled	placed	drained	heated

① She _____ the oil in a frying pan. 그녀는 프라이팬에 기름을 달구었습니다.

② Then, she _____ vegetables to the instant noodles.
그다음 그녀는 라면에 채소를 넣었습니다.

③ I _____ the water from the pot of pasta. 저는 파스타가 든 냄비에서 물을 뺐습니다.

④ And then, I _____ the steak on top of the foil.
그러고 나서 포일 위에 스테이크를 놓아두었습니다.

⑤ He _____ the salmon for 10 minutes. 그는 10분 동안 연어를 구웠습니다.

Interviewer I'd like to know about something you have recently cooked. When did you cook it? What did you cook? Who did you cook for?

Interviewee I cooked kimchi stew for my father two days ago. My mom went on a trip to China with her friends. So, my younger brother and I took it in turns to cook for my father while my mom was away. Actually, I'm not good at cooking, so it was difficult to decide what kind of food to cook. My brother recommended kimchi stew because it's easy to make. I thought it would be a good idea so I made kimchi stew for dinner, and my father really liked it. I felt great.

면접관 저는 당신이 최근 요리한 음식이 무엇인지 알고 싶습니다. 그 음식을 언제 요리했나요? 무엇을 요리했나요? 누구를 위해 요리를 했나요?

면접자 이틀 전에 저는 아버지를 위해 김치찌개를 만들었습니다. 저희 어머니가 친구들과 중국으로 여행을 떠났습니다. 그래서 제 남동생과 저는 어머니가 집을 비운 동안 아버지를 위한 식사를 번갈아 준비해야 했습니다. 사실 저는 요리를 잘 못합니다. 그래서 어떤 음식을 요리할지 결정하는 게 어려웠습니다. 제 남동생은 김치찌개를 추천했습니다. 김치찌개는 만들기 쉽기 때문이었습니다. 저는 좋은 생각이라고 생각했습니다. 저는 저녁으로 김치찌개를 만들었고 아버지는 김치찌개에 매우 만족하셨습니다. 저는 기분이 좋았습니다.

어휘
stew 찌개, 국   go on a trip to ~로 여행가다   in turns 교대로
be good at ~을 잘하다   be away 부재 중이다   decide 결심하다   kind 종류

---

1. 위 지문에서 노란색으로 표시된 부분을 살펴보고 순서대로 의미군을 적어보세요.

> e.g. I cooked kimchi stew for my father.
> 저는 / 요리했습니다 / 김치찌개를 / 우리 아버지를 위해

영어식 사고
훈련이므로
반드시
해봅니다.

① My mom went on a trip to China. → _____

② My brother recommended kimchi stew. → _____

③ I made kimchi stew for dinner. → _____

2. 다음 질문에 대해 '나'와 관련된 내용을 간단하게 적으세요.

① 언제 요리했는지 :

② 무슨 요리였는지 :

③ 누구를 위한 요리였는지 :

1. 다음 문장에서 시간(때)을 나타나는 곳에 밑줄 치세요.

> e.g. I had a continental breakfast <u>this morning</u>.

① I cooked kimchi stew for my father yesterday.

② I moved into my new house last week.

③ She cooked the steak three days ago.

④ I saw my husband bake cookies the other day.

■ 위 문제에서 공통점이라 생각되는 부분 메모하기

자세한 설명은 **문법 익히기** 5. 과거시제와 함께 쓰이는 시간 부사 부분을 확인하세요.

2. 다음 이야기에서 과거에 있었던 일을 묘사한 문장에 밑줄 치세요.

<u>I went to a supermarket with my kids yesterday.</u> We usually go grocery shopping once a week. We always prepare a shopping list before we leave the house. My kids eat cereal every morning and my husband likes to have fresh fruit for lunch so we bought cereal, milk, and some fresh fruit. After we finished shopping, we had lunch in the market. By the time we got home, we were very tired.

■ 위 문제에서 공통점이라 생각되는 부분 메모하기

자세한 설명은 **문법 익히기** 1. 단순 과거시제 부분을 확인하세요.

3. 밑줄 친 부분을 바르게 해석한 것을 고르세요.

> e.g. When I saw the little girl, <u>she was running towards the car.</u>
>
> ⓐ 그녀는 차를 향해 달리고 있었다. b. 그녀는 차를 향해 달린다.

① When I came back home, <u>the phone was ringing.</u>

    a. 전화가 울리고 있다.   b. 전화가 울리고 있었다.

② While he was reading a book, <u>the food came out.</u>

    a. 음식이 나오고 있다.   b. 음식이 나왔다.

③ <u>It was raining</u> a lot when she was in the market.

    a. 비가 많이 오고 있었다.   b. 비가 많이 왔다.

④ While the kettle was boiling, <u>I took two cups out of cupboard.</u>

    a. 찬장에서 컵을 두 개 꺼냈다.   b. 찬장에서 컵을 두 개 꺼내고 있었다.   ● kettle 주전자

■ 위 문제에서 공통점이라 생각되는 부분 메모하기

자세한 설명은 **문법익히기** 3. 과거시제 형태와 4. 과거 진행시제 형태 부분을 확인하세요.

4. 밑줄 친 동사 앞에 주어가 단수(한 개)인지 복수(여러 개)인지 쓰세요.

> e.g. I <u>was</u> happy. 주어가 단수 → [I 한 개]

① They <u>were</u> satisfied with what he cooked.

② My friend <u>was</u> cleaning the room.

③ We <u>were</u> very tired.

④ She <u>was</u> ready for bed.

■ 위 문제에서 공통점이라 생각되는 부분 메모하기

자세한 설명은 **문법익히기** 4. 과거 진행시제 형태 부분을 확인하세요.

1. 단순 과거시제

시제는 화자가 말하는 시점을 기준으로 과거, 현재, 미래로 나뉩니다. 영어의 시제는 우리말보다 더 세분화되어 있습니다. 하지만 이 책에서는 단순 시제와 진행시제만 다루도록 하겠습니다. 특히 과거시제는 OPIc 시험에서 가장 많이 사용되는 시제입니다. 응답자의 과거 사건이나 경험을 묻는 문제가 많기 때문입니다. 단순 과거시제는 말하는 시점을 기준으로 어떤 사건이나 행동이 완료되었을 때 사용됩니다.

> e.g. We **prepared** a shopping list.   쇼핑 목록이 준비된 상태를 나타냅니다.
> 우리는 쇼핑 목록을 준비했습니다.   (즉 완료된 행동)
>
> I **came** back home.   집에 도착한 완료 상태를 나타냅니다.
> 저는 집에 돌아왔습니다.

2. 과거 진행시제

과거 진행시제는 단순 과거시제와 달리 완료되지 않은 과거의 동작이나 상황을 묘사합니다. OPIc 시험에서 과거 진행시제는 사건의 배경을 묘사하거나 어떤 사건이 일어날 때 동시에 있었던 일들을 묘사할 때 주로 쓰입니다. 또는 어떤 일을 계획했으나 원래 의도와 다르게 변한 것을 나타낼 때도 쓰입니다.

> e.g. The dog **was barking** furiously at a man.   과거의 진행 중인 상황을 묘사
> 그 개는 남자를 향해 사납게 짖고 있었습니다.
>
> While he **was reading** a book, the food came out.   책을 읽고 있는 행동이 계속 이어짐
> 그가 책을 읽고 있는 동안 음식이 나왔습니다.   (두 가지 행동이 동시에 일어날 때 어떤 사건이나 동작의 배경을 묘사)
>
> I **was going to** cook spaghetti but I've decided to cook kalbi, instead.   원래 계획과 달라짐을 나타냄
> 원래는 스파게티를 요리하려고 했지만 갈비로 결정했습니다.

3. 과거시제 형태

영어에서 과거시제는 동사에 -ed를 붙여 만듭니다. 대부분의 동사는 이 규칙을 따르는 규칙형이지만 일부 동사는 이 규칙을 따르지 않는 불규칙형으로 구분됩니다. 그래서 불규칙 동사들은 별도로 외워야 합니다. 리스트를 모아 암기하기 보다는 각각의 단어를 문맥상에서 직접 발음해보면서 암기하는 것이 훨씬 효과적입니다. 자주 나오는 불규칙형태 동사들은 다음 페이지를 참고해주세요.

4. 과거 진행시제 형태

과거 진행은 [was/were+동사원형-ing] 형태입니다. was/were는 be동사의 과거형으로 과거 진행 시제로 쓰일 경우에 be동사의 의미는 사라지고, 뒤따르는 동사의 의미에 '~하는 중이다'라는 의미를 더하는 역할만 합니다. 그리고 was는 주어가 하나인 경우(단수형), were는 주어가 여럿이 있는 경우 (복수형)에 나타납니다.

I, She, He, It	was			
We, You, They	were	+	동사+-ing	~하는 중이었다

5. 과거시제와 함께 쓰이는 시간 부사

단순 과거시제와 함께 자주 쓰이는 시간 부사들이 있습니다. 특히 아래 표에서 시간을 나타내는 부 사는 꼭 과거시제와 함께 써야 합니다. 시간 부사의 위치가 문장 앞에 있을 경우 시간이 강조됩니다.

횟수를 나타내는 부사	often, seldom, never
시간을 나타내는 부사	last weekend, yesterday, two days ago, the other day, a long time ago

6. OPIc에 자주 나오는 불규칙 동사

현재형	과거형	현재형	과거형
am, is	was	eat	ate
are	were	have	had
make	made	take	took
go	went	come	came
cut	cut	set	set
give	gave	think	thought
get	got	feel	felt

1. 다음 중 알맞은 동사를 고르세요.

① I (feel / felt) great after I finished cooking.

② My kids (like / liked) the bulgogi that I (make / made) last night.

③ The children (eat / ate) up the cake as soon as it was served.

④ She (gives / gave) me a cup of coffee every morning.

2. 빈칸에 알맞은 동사 형태(과거 또는 과거 진행)를 넣으세요.

> e.g. I <u>bought</u>(buy) a glass of wine a few days ago.

① I knocked on the door when he _____(take) a shower.

② She _____(grill) shrimp for dinner last night.

③ We _____(go) to eat out, but we decided to have

pizza delivered, instead.

④ While my husband _____(make) some sandwiches,

I _____(set) the table.

3. 다음 질문에 대한 대답을 주어진 단어를 넣어 영어로 답하세요.

① What did you do yesterday? (go shopping)

→
_____.

② What were you doing at seven o'clock yesterday? (watch TV)

→
_____.

③ What was your friend doing when you visited her/him? (sleep)

→
_____.

④ What did your family buy last Saturday? (fruits and vegetables)

→
_____.

앞에서 배운 문법 구조를 가진 다양한 표현들을 배워봅니다.

---

1. 주어 + used to + 동사원형 ～하곤 했다 (규칙적인 습관 및 상태)

▶ used to는 현재에는 더 이상 하지 않지만 과거에 했던 규칙적인 습관이나 상태를 묘사할 때 씁니다.

I **used to help** my mom cook food. 저는 예전에 엄마를 도와 요리를 하곤 했습니다.

I **used to go** out for dinner often, but now I cook at home.
저는 예전에는 자주 저녁을 나가서 사 먹었지만 지금은 집에서 밥을 해 먹습니다.

I **used to buy** a lot of fast food when I lived alone.
저는 혼자 살 때는 패스트 푸드를 많이 사 먹곤 했습니다.

---

2. 주어 + would + 동사원형 ～하곤 했다 (불규칙적인 습관)

▶ would는 used to와 달리 과거의 불규칙한 습관을 묘사할 때 씁니다.

I **would invite** my friends over to have dinner together.
저는 함께 저녁식사를 하기 위해 친구들을 집으로 초대하곤 했습니다.

I **would cook** pancakes for my wife and children on Sunday mornings.
저는 일요일 아침마다 아내와 아이들을 위해 팬케이크를 요리하곤 했습니다.

My mom **would bake** cookies for us by herself.
저희 엄마는 저희를 위해 직접 쿠키를 구워주곤 했습니다.

---

3. 주어 + started + -ing ～하기 시작하다

▶ start 동사가 진행형으로 쓰이지 않았다면 동명사(동사+~ing)와 to부정사가 모두 올 수 있지만 진행형으로 쓰였다면 to부정사만 올 수 있습니다. 즉, I was starting to cry. '저는 울기 시작했습니다.'라고 합니다.

I **started boiling** the water. 저는 물을 끓이기 시작했습니다.

I **started slicing** the onions thinly. 저는 양파를 얇게 썰기 시작했습니다.

I **started preparing** dinner. 저는 저녁을 준비하기 시작했습니다.

지금까지 학습한 내용을 토대로 작성된 다른 답안을 확인해봅니다.

I'd like to know about something you have recently cooked? When did you cook it? What did you cook? Who did you cook for?
저는 당신이 최근 요리한 음식이 무엇인지 알고 싶습니다. 그 음식을 언제 요리했나요? 무엇을 요리했나요? 누구를 위해 요리를 했나요?

다음 빈칸에 알맞은 단어를 넣어 답변을 완성하세요.

1. 집들이 ● MP3 06-02

I moved into my new house last month, and I ❶_____ to invite my friends over for a housewarming party. While I was thinking about what kind of food to cook for the party, one of my friends recommended kimchijeon, Korean-style pancake. It used ❷_____ _____ my favorite food to cook, but I wasn't sure if it was a good idea because it had been ages since I last cooked it. On the day of the housewarming party, I got up early in the morning and started ❸_____ the food. I was happy while preparing, and my friends were really satisfied with my food.

지난달 저는 새집으로 이사를 했고 집들이에 친구들을 초대할 계획을 세웠습니다. 집들이 파티로 무슨 음식을 해야 할지 생각하던 중 친구들 중 한 명이 한국식 팬케이크인 김치전을 추천했습니다. 김치전은 제가 요리하기 제일 좋아하는 음식이었지만, 만들어본 지 오래 돼서 자신은 없었습니다. 집들이 당일 저는 아침 일찍 일어났고 요리를 준비하기 시작했습니다. 저는 식사를 준비하면서 행복했고 제 친구들은 제 음식에 정말로 만족해 했습니다.

2. 생일 ● MP3 06-03

Actually, I ❶_____ to cook quite often, but now I don't cook much because I'm really busy. However, last Sunday was my girlfriend's birthday. I wanted to do something special, so I decided to cook for her. First, I ❷_____ for a spaghetti recipe on the Internet. Then I went to the market to buy the ingredients. I read the recipe and ❸_____ cooking. It was very easy to make. My girlfriend was really surprised and liked it so much. I was so happy.

사실, 저는 요리를 자주 하곤 했지만 요즘은 바빴기 때문에 요리를 많이 하지 않았습니다. 그러나 지난 일요일은 제 여자친구의 생일이었습니다. 저는 무언가 특별한 것을 하길 원했고, 그래서 그녀를 위해 요리하기로 결정했습니다. 처음 저는 인터넷에서 스파게티 요리법을 찾았습니다. 그 후에 재료를 사러 시장에 갔습니다. 저는 요리법을 읽고, 스파게티를 요리하기 시작했습니다. 스파게티는 만들기 쉬웠습니다. 제 여자친구는 정말 깜짝 놀랐고 아주 많이 좋아했습니다. 저는 몹시 행복했습니다.

OPIc 실전 연습

영어로 인터뷰를 한다고 상상해봅시다. 다음 질문에 영어로 대답하고 여러분의 휴대폰에 녹음해 보세요. (3~4문장 정도 얘기합니다.)

I'd like to know about something you have recently cooked? When did you cook it? What did you cook? Who did you cook for?

저는 당신이 최근 요리한 음식이 무엇인지 알고 싶습니다.
그 음식을 언제 요리했나요? 무엇을 요리했나요?
누구를 위해 요리를 했나요?

■ Your Answer

Self checkist ☑ 녹음 후 아래 내용이 포함됐는지 확인해봅니다.

1. 과거시제에 맞춰 이야기했습니까? ☐

2. 이번 Chapter에서 배운 새로운 단어를 사용했습니까? ☐

3. 3문장 이상 이야기했습니까? ☐

Typical day 일상 묘사

OPIc에서는 학교나 직장에서 일상적인 하루를 묘사하라는 질문이 출제됩니다. 평소 매일 반복되는 일들을 묘사할 때는 현재시제로 이야기합니다. 그렇다면 현재시제는 어떤 때, 어떻게 말해야 하는지 알아보겠습니다.

어휘 쌓기　하루 일과 묘사와 관련된 어휘들을 얼마나 알고 있는지 미리 확인해봅니다.

1. 다음 중 그 의미를 알고 있는 단어에 〇표 하세요.

attend	have a bag lunch	involve	priority	vary
over coffee	simulate	lecture	negotiate	

2. 우리말에 해당하는 영어 단어가 바로 떠오르면 〇표 하세요.

참석하다	도시락을 먹다	수반하다	우선순위	다르다
커피를 마시며	시연하다	강의	협상하다	

3. 다음 단어를 이용하여 빈칸을 채우세요.

leave	do	attend	get to	dealing

① I _____ for work at eight o'clock every morning. 저는 매일 아침 8시에 일하러 갑니다.

② I _____ work at around eight thirty. 저는 8시 30분 정도에 직장에 도착합니다.

③ I always _____ my assignments after dinner. 저는 항상 저녁식사 후에 숙제를 합니다.

④ We _____ meetings before work starts.
　우리는 일을 시작하기 전에 회의에 참석합니다.

⑤ My work involves _____ with problems. 제 일은 문제를 해결하는 일과 관련 있습니다.

Interviewer Can you tell me about your typical day at work/school?

Interviewee My typical day at work is very simple. I always start work at around nine. The first thing I usually do is set priorities for the day. Then, for the rest of the morning, I do routine paperwork. At noon, I often have a bag lunch at my desk. After lunch, I have a small talk with my co-workers over coffee. During the afternoon, I attend several meetings to discuss issues related to our project. Then, I do market research. My work involves long hours so I usually stay late. I have dinner at 6, and then I work overtime. This is my typical day at work.

면접관 직장/학교에서 당신의 일상에 대해 말해줄 수 있나요?

면접자 직장에서 제 일상은 매우 단순합니다. 저는 항상 9시쯤 일을 시작합니다. 보통 가장 먼저 하는 일은 그날 하루의 우선순위를 정하는 것입니다. 그런 후에 나머지 아침 시간 동안 저는 일상적인 서류 작업을 합니다. 정오에는 종종 자리에서 도시락을 먹습니다. 점심식사 후에 저는 동료들과 커피를 마시며 잡담을 합니다. 오후에 저는 프로젝트와 관련된 사안을 상의하기 위해 여러 회의에 참석합니다. 그 후 저는 시장 조사를 합니다. 제 일은 시간이 오래 걸리는 일이라 주로 늦게까지 야근을 합니다. 그래서 6시쯤에 저녁을 먹고 야근을 합니다. 이것이 제 직장에서의 일상입니다.

어휘 typical 일반적인   around 약. ~쯤   set priorities 우선순위를 정하다   for the day 그날의
paperwork 서류 업무   bag lunch 점심 도시락   stay late 늦게까지 머물다   work overtime 야근하다

---

1. 위 지문에서 노란색으로 표시된 부분을 살펴보고 순서대로 의미군을 적어보세요.

> e.g. I always start work at around nine.   저는 / 항상 / 시작합니다 / 일을 / 9시쯤   영어식 사고 훈련이므로 반드시 해봅니다.

① I usually set priorities for the day. → _____

② I do routine paperwork. → _____

③ I often have a bag lunch at my desk.

　→ _____

2. 다음 질문에 대해 '나'와 관련된 내용을 간단하게 적으세요.

① 오전에 하는 일 :

② 오후에 하는 일 :

1. 각 문장이 일반적인 사실을 나타내는지 아니면 반복적인 행동을 나타내는지 표시하세요.

> e.g. She usually studies at the library. (일반적인 사실 / 반복된 행동)

① I have a morning class at 9 o'clock this semester. (일반적인 사실 / 반복된 행동)

② Every employee has their own computer. (일반적인 사실 / 반복된 행동)

③ I always stop by a coffee shop before work. (일반적인 사실 / 반복된 행동)

④ We exercise every evening. (일반적인 사실 / 반복된 행동)

■ 위 문제에서 공통점이라 생각되는 부분 메모하기

자세한 설명은 **문법익히기** 1. 단순 현재시제 부분을 확인하세요.

2. 밑줄 친 부분에 주의해서 우리말로 해석하세요.

① She is a senior at university. → _____

② The professor is holding a book. → _____

③ I am hungry right now. → _____

④ I am using a copy machine. → _____

■ 위 문제에서 공통점이라 생각되는 부분 메모하기

자세한 설명은 **문법익히기** 4. 현재진행시제 형태 부분을 확인하세요.

3. 다음 문장을 읽고 오전에 차를 마시는 빈도 수가 가장 높은 사람 순으로 나열하세요.

① Jane always drinks tea in the morning.

② Andrea never drinks tea in the morning.

③ Dean usually drinks tea in the morning.

④ Chris often drinks tea in the morning.

■ 위 문제에서 공통점이라 생각되는 부분 메모하기

자세한 설명은 **문법 익히기** 5. 현재시제와 함께 쓰이는 빈도부사 부분을 확인하세요.

4. 밑줄 친 동사 앞에 주어가 단수(한 개)인지 복수(여러 개)인지 쓰세요.

> e.g. She is talking on the phone now. → 단수(She)

① We are just reviewing the documents.

② The students are taking a test right now.

③ My manager is checking my report now.

④ Sorry, I can't help you because I am having dinner.

■ 위 문제에서 공통점이라 생각되는 부분 메모하기

자세한 설명은 **문법 익히기** 4. 현재진행시제 형태 부분을 확인하세요.

1. 단순 현재시제

단순 현재시제는 일반적인 사실을 진술하거나 매일 반복되는 습관이나 활동을 이야기할 때 쓰입니다.

일반적인 사실	Every employee has their own computer. 모든 직원은 개인 컴퓨터를 가지고 있습니다.
평소 반복적인 활동	I get up early in the morning. 저는 매일 아침 일찍 일어납니다.
매일 하는 습관	I always stop by a coffee shop before work. 저는 항상 일을 하기 전에 커피숍에 들릅니다.

2. 현재진행시제

현재진행시제는 화자가 말하는 시점에 하고 있는 활동을 묘사할 때 쓰입니다. 또는 일정 기간 동안 진행되고 있는 일에 대해 말할 때도 쓰입니다. 이외에 미래를 나타낼 때도 쓰이는데 자세한 내용은 미래시제를 다루는 부분에서 살펴보겠습니다.

e.g. The students are taking a test right now.   현재 진행되는 상황을 묘사
학생들은 지금 시험을 보고 있습니다.

More and more people are becoming   일정한 기간 동안 보이는
Vegetarian. 점점 많은 사람이 채식주의자가 되고 있습니다.   상황(행동) 묘사

3. 현재시제 형태

영어에서 일반동사는 현재시제를 나타냅니다. 여기서 주의할 점은 주어가 단수(1명)인 경우 동사에 -s나 -es를 붙인다는 점입니다. 하지만 주어가 I 와 You인 경우는 제외됩니다.

I, You	drive	to work.	저는 제 차로 출근합니다.
She, He, It, My friend	drives		그녀, 그, 제 친구는 차로 출근합니다.

4. 현재진행시제 형태

현재진행은 [is/am/are+동사원형-ing] 입니다. is/am/are는 be동사의 현재형입니다. 이때 be동사는 과거진행시제처럼 be동사의 원래 의미 '~이다, ~가 있다'가 사라지고 뒤에 나오는 동사의 의미에 진행의 의미를 더해줍니다

I	am		
He, She, It, Mr. Kim	is	동사+-ing	~하는 중이다
We, You, They	are		

5. 현재시제와 함께 쓰이는 빈도부사

현재시제와 함께 쓰이는 빈도부사들이 있습니다. 빈도부사는 be동사 뒤에 그리고 일반동사 앞에 옵니다.

주어 + be동사 + 빈도부사
주어 + + 빈도부사 + 일반동사

e.g. I am always happy. 저는 항상 행복합니다.

She never smiles. 그녀는 결코 웃지 않습니다.

빈도부사들은 그 빈도에 따라 의미의 차이가 약간씩 있습니다

always	100%	항상
usually	99%~95%	자주
often	90%~75%	종종
sometimes	75%~25%	가끔
seldom	25%~10%	거의 ~ 하지 않다
rarely	10%~1%	거의 ~ 하지 않다
never	0%	절대 ~ 하지 않다

1. 다음 중 알맞은 시제를 고르세요.

① I (am seeing / see) someone these days.

② I (am getting / get) ready for work now.

③ It usually (is taking / takes) about an hour.

④ I (am leaving / leave) for work at 8 o'clock every day.

2. 다음 중 틀린 부분을 찾아 알맞게 고치세요.

① She is cleaning the office every morning.

② My work involve solving problems.

③ New employees having a training session once a week.

④ My schedule at school is varying from day to day.

3. 다음 질문에 대한 대답을 주어진 단어를 넣어 영어로 답하세요.

① What do you usually do after lunch? (take a walk)

→ _____.

② What is she doing right now? (take a rest)

→ _____.

③ What does your work involve? (keeping records)

→ _____.

④ What are you doing? (do paperwork)

→ _____.

---

1. 주어 + go to ～에 다니다, 가다

▶ go는 일반적으로 '가다'라는 의미지만 일반 시제로 쓰는 경우 '다니다'라는 의미로도 쓰입니다

I go to Jinjoo University. 저는 진주대학교에 다닙니다.

We go to meetings in the afternoon. 우리는 오후에는 회의에 참석합니다.

I go to morning classes every day. 저는 매일 아침 수업에 갑니다.

---

2. I'm working on~ ～에 힘을 들여 애쓰다, 작업하다

▶ work는 일과 관련돼 육체적, 정신적 노동이 드는 일을 의미합니다.

I'm working on my project. 저는 제 프로젝트에 애쓰는 중입니다.

I'm working on my essay. 저는 과제를 작업하는 중입니다.

I'm working on market research. 저는 시장조사 작업을 하는 중입니다.

---

3. 주어 + be + being + 형용사 ～하게 행동하다

▶ [be+형용사]는 일반적인 상태를 나타내지만 [be+being+형용사]가 되면 '어떻게 행동하다(behave)'라는 뜻으로 쓰입니다. 이때는 평소에는 그렇지 않지만 일회성으로 그때 당시만 그렇게 행동한다는 의미입니다.

She's being so stupid. 그녀는 너무 멍청하게 행동하고 있어요.

We don't know why he's being silly. 우리는 왜 그가 어리석게 행동하는지 몰라요.

I'm being foolish. 제가 어리석게 굴고 있군요.

모범답안
확인하기

Q 지금까지 학습한 내용을 토대로 작성된 다른 답안을 확인해봅니다.

Can you tell me about your typical day at work/school?
직장/학교에서 당신의 일상에 대해 말해줄 수 있나요?

다음 빈칸에 알맞은 단어를 넣어 답변을 완성하세요.

1. 대학생 `MP3 07-02`

It's almost the same every day. I have morning classes and afternoon classes. Before morning classes, I have a light breakfast. Then I take a three-hour class. After the class, I often have lunch at the cafeteria. If I have some time between classes, I usually do my assignments or ❶_____ _____ my thesis at the library. I ❷_____ _____ lectures in the afternoon. I'm a member of the guitar club, so after classes, I go to the clubroom and practice there. This is my typical day at school.

제 일상은 거의 매일 똑같습니다. 저는 오전 수업과 오후 수업이 있습니다. 오전 수업 전에 가벼운 아침식사를 합니다. 그리고 나서 3시간 짜리 수업을 듣습니다. 수업 후에 저는 종종 학생식당에서 점심을 먹습니다. 만약 공강이 생기면 저는 도서관에서 숙제를 하거나 논문 작업을 합니다. 그 후 오후 수업에 갑니다. 저는 기타동아리 회원입니다. 그래서 수업이 끝나고 동아리 방에 가서 기타 연습을 합니다. 이것이 제 학교에서의 일상입니다.

2. 직장인 `MP3 07-03`

As an engineer, my daily schedule varies from day to day. I usually go to work early to have some time alone. During that time, I have a cup of coffee and clean my desk. Then I check the day's schedule and the progress status on the ongoing project. After that, I mainly ❶_____ _____ the project I'm in charge of. After lunch, I often visit customers to discuss our new products. Or, I ❷_____ _____ our plant to make sure everything is running smoothly. Sometimes, I have meetings with people in other departments. I clock out and leave work at about seven.

기술자로서 제 일상은 매일 다릅니다. 저는 혼자만의 시간을 가지기 위해 일찍 출근합니다. 그 시간에 저는 커피 한 잔을 마시고 책상을 정리합니다. 그다음 저는 하루 일정과 진행 중인 프로젝트의 진행상황을 확인합니다. 그 후 저는 제가 맡고 있는 프로젝트에 관한 일을 주로 합니다. 점심식사 후 종종 신제품에 관해 논의하기 위해 고객을 방문합니다. 아니면 모든 것이 잘 진행되는지 확인하기 위해 공장에 갑니다. 때때로 저는 다른 부서 사람들과 회의를 합니다. 7시쯤 일을 마치고 퇴근합니다.

영어로 인터뷰를 한다고 상상해봅시다. 다음 질문에 영어로 대답하고 여러분의 휴대폰에 녹음해 보세요. (3~4문장 정도 얘기합니다.)

Can you tell me about your typical day at work/school?

직장/학교에서 당신의 일상에 대해 말해줄 수 있나요?

■ Your Answer

Self checkist ☑ 녹음 후 아래 내용이 포함됐는지 확인해봅니다.

1. 현재시제에 맞춰 이야기했습니까?　　　　　　　　☐

2. 이번 Chapter에서 배운 새로운 단어를 사용했습니까?　　☐

3. 3문장 이상 이야기했습니까?　　　　　　　　　　☐

Travelling 여행

Chapter
08

OPIc Background Survey의 마지막 항목은 여행입니다. 여행은 거의 모든 응시자가 선택하는 주제입니다. 여행에 관한 질문으로 과거의 경험을 묻는 경우도 있지만, 미래에 갈 여행 계획에 대해 묻는 경우도 있습니다. 미래에 관한 여행 계획을 얘기할 때 쓰는 미래시제의 특징은 어떤지 알아보겠습니다.

어휘
쌓기

여행과 관련된 어휘들을 얼마나 알고 있는지 미리 확인해봅니다.

1. 다음 중 그 의미를 알고 있는 단어에 ◯표 하세요.

jet lag	motion sickness	tourist attractions
go on a business trip	itinerary	go backpacking

2. 우리말에 해당하는 영어 단어가 바로 떠오르면 ◯표 하세요.

시차	멀미	관광명소
출장 가다	여행일정표	배낭 여행가다

3. 다음 단어를 이용하여 빈칸을 채우세요.

taking   canceling   pack   apply   reserve

① I'll _____ my bag tomorrow morning. 저는 내일 아침에 짐을 싸려고 합니다.

② I'm _____ a week off. 저는 일주일 휴가입니다.

③ We're going to _____ a hotel room. 우리는 호텔 방을 예약하려고 합니다.

④ They need to _____ for their passport. 그들은 여권을 신청해야 합니다.

⑤ We're _____ our reservation tomorrow morning.
우리는 내일 아침에 예약을 취소하기로 했습니다.

Interviewer Where would you like to visit this summer? Why?

Interviewee I'd like to visit Europe. Actually, I'm leaving for Prague this summer. I'm taking the first week of August off. I heard Prague is one of the most popular cities in the world. I first became interested in Prague after I watched a Korean soap opera called *Lovers in Prague*. I was so impressed by the beautiful buildings. I'm going there with my friend. We're going to look around the cities near Prague as well. We want to go to as many tourist attractions as possible. We'll probably stay in one or two cities.

면접관 당신은 이번 여름에 어디를 방문하고 싶은가요? 그 이유는 무엇인가요?

면접자 저는 유럽에 방문하고 싶습니다. 사실 저는 이번 여름에 프라하에 갑니다. 저는 8월 첫째 주에 쉴 예정입니다. 프라하는 세계에서 가장 인기 있는 도시 중 하나라고 들었습니다. 저는 '프라하의 연인'이라는 한국 드라마를 보고 난 후 처음 프라하에 흥미를 느꼈습니다. 저는 아름다운 건물들에 감명을 받았습니다. 저는 제 친구와 프라하에 함께 갑니다. 우리는 프라하 근처의 도시도 둘러볼 것입니다. 저희는 가능한 한 많은 관광명소에 가고 싶습니다. 저희는 아마 하나 또는 두 도시 정도에 머물 것입니다.

어휘 leave for ~를 향해 떠나다   take a week off 1주일 쉬다   become interested in ~에 관심을 가지다
called ~라고 불리는   look around 둘러보다

---

1. 위 지문에서 노란색으로 표시된 부분을 살펴보고 순서대로 의미군을 적어보세요.

> e.g. I'm leaving for Prague this summer.   저는 / 떠날 겁니다 / 프라하로 / 이번 여름에

① I'm taking the first week of August off. → _____

② We're going to look around the cities near Prague.

→ _____

③ We'll probably stay in one or two cities.

→ _____

2. 다음 질문에 대해 '나'와 관련된 내용을 간단하게 적으세요.

① 어디를 방문할 것인지 :

② 왜 방문하고 싶은지 :

③ 여행지에서 무엇을 할 것인지 :

1. 다음 문장이 현재를 의미하는지, 미래를 의미하는지 구분하여 쓰세요.

① I'm not working now.

② I'm not working this Friday. Let's go somewhere.

③ She's traveling around the southern sea of Korea right now.

④ This summer, she's traveling the southern part fo Korea. She has already bought a train ticket.

■ 위 문제에서 공통점이라 생각되는 부분 메모하기

자세한 설명은 1. 계획이 확정된 미래 부분을 확인하세요.

2. 밑줄 친 단어의 해석으로 알맞은 것을 고르세요.

① We're going to a housewarming party. (가다 / 할 것이다)

② I went backpacking. (가다 / 할 것이다)

③ My husband and I are going to stay in the town next week. (가다 / 할 것이다)

④ They are going to book a room. (가다 / 할 것이다)

■ 위 문제에서 공통점이라 생각되는 부분 메모하기

자세한 설명은 5. 미래시제 형태 부분을 확인하세요.

3. 다음 대화를 읽고, B의 계획이 확정인지 아닌지 쓰세요.

① A: Let's go to the movies tonight.

B: Sorry, but I'm having dinner with my parents.

② A: Do you have any plans for this weekend?

B: Well, I'm going to go to my sister's.

③ A: When are you meeting the guide?

B: I'm meeting the guide this Friday afternoon.

④ A: When are you going to leave?

B: Well, I'm not sure. I'm going to leave at around seven o'clock.

■ 위 문제에서 공통점이라 생각되는 부분 메모하기

자세한 설명은 **문법익히기** 1. 계획이 확정된 미래와 2. 이미 결심은 했지만 정해진 게 없는 미래 계획 부분을 확인하세요.

4. 밑줄 친 부분에 대한 계획을 화자가 언제 정했는지 고르세요.

> e.g. Look, it's raining outside. I'll take my umbrella with me.
>
> (말하는 순간)/ 말하기 이전에)

① The phone is ringing. I'll get it. (말하는 순간 / 말하기 이전에)

② I'm off tomorrow. So, I'm going to rent a car. (말하는 순간 / 말하기 이전에)

③ Yesterday, I found out that my passport had expired. So, I'm going to renew my passport next Monday. (말하는 순간 / 말하기 이전에)

④ I just heard I need to work later this Friday. I'll cancel the ticket to the show. (말하는 순간 / 말하기 이전에)

■ 위 문제에서 공통점이라 생각되는 부분 메모하기

자세한 설명은 **문법익히기** 2. 이미 결심은 했지만 정해진 게 없는 미래 계획 부분과 3. 즉흥적으로 정한 미래 계획 부분을 확인하세요.

1. 계획이 확정된 미래

우리말에서는 미래를 대신하는 말을 '~일 것이다'로 모두 묶을 수 있지만 영어에서는 이를 더 세분하여 나눕니다. 특히, 화자가 의도를 가지고 계획한 바가 이미 모두 정해져 있다면 [be+-ing], 즉 현재진행형 형태를 사용합니다. 이때는 주로 미래를 나타내는 시간 부사와 함께 쓰입니다.

	현재진행	미래
be + -ing	~하는 중이다	~하기로 하다, 되어 있다
	I'm studying now. 저는 지금 공부하는 중이에요.	**I'm studying abroad next month.** 저는 다음 달에 해외로 나가서 공부하기로 했어요.

2. 이미 결심은 했지만 정해진 게 없는 미래 계획

미래 계획 중 마음 속으로 결심은 했지만 정해진 게 없는 것을 말할 때는 be going to를 씁니다. 예를 들자면 마음 속으로 영화 볼 것을 결정하긴 했지만 아직 표도 구매하지 않고 어떤 영화를 볼지 확실히 정해진 게 없을 때를 말하죠. 반면 [be+-ing]는 볼 영화표까지 구매한 상태를 의미합니다.

be going to	be + -ing
(정해진 것은 없지만) ~할 계획이 있다	(이미 정해진 것이 있어) ~하기로 하다, 되어 있다
I'm going to rent a car tomorrow morning. So I have to look for a good car rental. 내일 아침에 차를 빌리려고 해요. 그래서 괜찮은 대여점을 찾아야 해요. ※ 여기서 going은 '가다'라는 의미가 없습니다. 단지 미래를 나타내기 위한 역할로만 쓰일 뿐 본래 의미는 사라집니다.	**I'm going on a boat trip tomorrow morning. I already booked the boat trip.** 내일 아침 보트 여행을 갈 거예요. 이미 보트 여행을 예약해 뒀어요. ※ 여기서 going은 '가다'라는 의미입니다.

3. 즉흥적으로 정한 미래 계획

be going to와 달리 즉흥적으로 결심한 계획을 이야기할 때는 will을 씁니다. will은 어떤 일을 기꺼이 할 의지를 나타낼 때도 씁니다.

The phone's ringing. I'll get it. 전화가 울리고 있어요. 제가 받을게요.	전화가 울리는 상황을 보고 즉각적으로 어떤 행동을 취하겠다고 말함
Look, it's raining outside. I'll take my umbrella with me. 봐요, 밖에 비가 오고 있어요. 우산을 가져가야겠어요.	비가 오는 상황을 보고 우산을 가져갈 것을 결심함

5. will의 다양한 의미

앞서 설명한 will은 미래 계획에 대한 화자의 의지를 나타냅니다. 이외에도 will은 다양한 상황에서 쓰입니다.

미래 상황에 대한 예측	If you skip lunch, you'll be hungry later. 지금 점심을 건너뛰면 나중에 배고플 거예요.
요청	Will you help me with the housework? 집안일 좀 도와주시겠어요?
약속	Can you lend me some money? I'll pay you back tomorrow. 돈 좀 빌려줄 수 있어요? 내일 갚을게요.

5. 미래시제 형태

일반동사는 각 단어가 고유한 의미를 가지지만 시제를 나타내지는 않습니다. 예를 들어, run이라는 동사는 '달리다'라는 의미지만, 일반동사 형태로만 쓴다면 과거에 달렸는지 미래에 달렸는지 알 수 없습니다. 그렇기 때문에 시제를 나타내기 위해서는 be going to나 will같은 조동사의 도움을 받습니다.

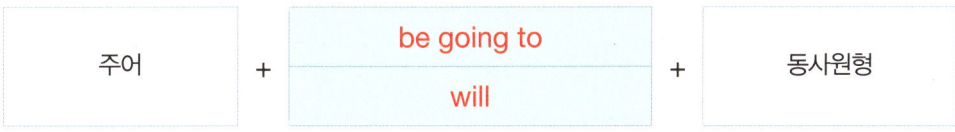

※ 가끔 [be going to+명사]가 나오면 be going to와 같다고 생각하는데 be going to 뒤에는 동사원형이 나와야 합니다.

  c.f. They're going to Paris. 그들은 파리에 갈 거예요. (미래를 나타내는 현재진행)
              명사

    They're going to look around the town. 그들은 시내를 둘러볼 거예요. (미래시제)
              동사원형

1. 괄호 안에 주어진 동사를 활용해서 문맥에 맞게 빈칸을 완성하세요.

① My friend bought a flight ticket. So, we _____ (go) to Tokyo next weekend.

② I have no plans this weekend. I _____ (be) at home this weekend.

③ My favorite show is on TV tonight. I _____ (watch) TV at home.

④ I've booked my flight. I _____ (leave) tomorrow morning.

2. 아래 표는 'I'의 다음 주 일정에 관한 것입니다. 표를 보고 빈칸을 완성하세요.

Monday	Tuesday	Wednesday	Thursday	Friday
apply for a passport	book a flight ticket	-	rent a car	leave for Bali

① I _____ for a passport on Monday.

② On Tuesday, I _____ a flight ticket.

③ On Thursday, I _____ .

④ I _____ on Friday.

3. 주어진 질문에 맞도록 빈칸을 완성하세요.

① Have you called the travel agency?

→ No, _____ tonight.

② Have you checked into the hotel?

→ No, _____ later.

③ What time are you flying to China?

→ _____ at nine.

④ What are you doing this summer vacation?

→ I haven't decided yet. _____ Europe.

OPIc 빈출 표현

---

1. 주어 + will probably + 동사원형 아마 ~할 것이다

▶ 미래에 대한 가능성을 말할 때 will은 probably나 I think/I don't think와 같이 불확실성을 나타내는 부사와 함께 쓰입니다.

I'll probably stay at home all weekend. 저는 아마 주말 내내 집에 있을 것 같아요.

She'll probably go on a vacation next week. 그녀는 아마 다음 주에 휴가를 갈 겁니다.

We'll probably plan our itinerary this Friday. 우리는 아마 이번 주 금요일에 일정을 짤 것 같아요.

---

2. 주어 + be about to + 동사원형 막 ~하려고 하다

▶ be about to는 아주 가까운 미래를 의미합니다.

I'm about to call you now. 지금 막 당신에게 전화하려고 했어요.

The movie **is about to** start. 영화가 막 시작하려고 해요.

They'**re about to** get their baggage. 그들은 막 짐을 가지러 가려 해요.

---

3. 주어 + be supposed to + 동사원형 ~가 ~하기로 되어 있다

▶ be supposed to는 회화에 자주 쓰이는 표현으로 '~가 ~하기로 되어 있다'라는 기대 또는 의무를 말할 때 쓰입니다.

You'**re supposed to** be here by two. 당신은 여기에 두 시까지 있기로 되어 있는데요.

The plane **is supposed to** arrive at the airport at noon.
비행기가 정오에 공항에 도착하기로 되어 있어요.

I'm supposed to pay the bills today. 제가 오늘 계산하기로 했어요.

Q

지금까지 학습한 내용을 토대로 작성된 다른 답안을 확인해봅니다.

Where would you like to visit this summer? Why?
당신은 이번 여름에 어디를 방문하고 싶은가요? 왜 그런가요?

다음 빈칸에 알맞은 단어를 넣어 답변을 완성하세요.

1. 국내   🔊 MP3 08-02

I'd like to visit Mungyeong town this summer. I'm ❶_____ next week off. I haven't arranged anything yet. But I'm going to ❷_____ a hotel room and rent a car this weekend. My sister and I are going to visit Mungyeong Ecological Park there. This is why I want to go to Mungyeong town. I saw the park on TV, and it was beautiful. I don't know much about it, so I ❸_____ probably look for some information on the Internet before we go.

저는 이번 여름에 문경시에 가고 싶습니다. 저는 다음 주 휴가입니다. 아직 정해진 건 없습니다만 이번 주 주말에 호텔이랑 차를 예약하려고 합니다. 제 여동생과 저는 문경새재 자연생태공원에 가려고 합니다. 이것이 제가 문경시에 가고자 하는 이유입니다. TV에서 그 공원을 봤는데 그곳은 예뻤습니다. 그곳에 대해 잘 몰라서 아마 저는 우리가 떠나기 전에 인터넷에서 정보를 좀 찾아볼 것입니다.

2. 해외   🔊 MP3 08-03

I'm planning to go to Taipei with my best friend. We've already booked the flight. However, we have to ❶_____ the reservation by tomorrow morning. We ❷_____ _____ for Taipei in two weeks. Fortunately, according to the weather forecast, the weather ❸_____ _____ nice during that time. Taiwan is famous for mango shaved ice. I like mangos so much. I can't wait to try it. Taiwan is famous for fresh fruits and its night markets. This is why I want to go there.

저는 제 가장 친한 친구와 대만에 갈 계획입니다. 저희는 항공권을 이미 예약했습니다. 그렇지만 내일 아침까지 예약을 확정해야 합니다. 저희는 2주 후에 대만으로 떠날 생각입니다. 다행히 일기예보에 따르면 그 기간 동안 날씨가 좋을 것이라고 합니다. 타이완은 망고 빙수가 유명합니다. 저는 망고를 굉장히 좋아합니다. 빨리 망고 빙수를 먹고 싶습니다. 타이완은 신선한 과일과 야시장이 유명합니다. 이 점이 제가 그곳에 가고 싶은 이유입니다.

OPIc 실전 연습

영어로 인터뷰를 한다고 상상해봅시다. 다음 질문에 영어로 대답하고 여러분의 휴대폰에 녹음해 보세요. (3~4문장 정도 얘기합니다.)

Where would you like to visit this summer? Why?

당신은 이번 여름에 어디를 방문하고 싶은가요? 왜 그런가요?

■ Your Answer

Self checkist ☑ 녹음 후 아래 내용이 포함됐는지 확인해봅니다.

1. 미래시제를 알맞게 사용해 이야기했습니까? ☐
2. 이번 Chapter에서 배운 새로운 단어를 사용했습니까? ☐
3. 3문장 이상 이야기했습니까? ☐

TV/DVD TV/DVD

Chapter 09

OPIc Background Survey의 선택 여부와 관계없이 종종 출제되는 주제가 TV/DVD입니다. 이와 관련해서 자주 출제되는 문제는 가장 좋아하는 TV/DVD를 묻는 문제입니다. 또 그 프로그램은 무엇에 관한 것인지도 함께 묻습니다. 이런 내용을 이야기하기 위해서 필요한 문법 형태들은 무엇이 있는지 살펴보겠습니다.

어휘 쌓기

TV/DVD와 관련된 어휘들을 얼마나 알고 있는지 확인해봅니다.

1. 다음 중 그 의미를 알고 있는 단어에 ◯표 하세요.

be on TV	prime time	panel	reruns	longest-running
hookup	controversial	viewer	remote control	

2. 우리말에 해당하는 영어 단어가 바로 떠오르면 ◯표 하세요.

방영하다	황금 시간대	패널	재방송	장기 방영되고 있는
접속·중계	논란이 많은	시청자	리모콘	

3. 다음 단어를 이용하여 빈칸을 채우세요.

part   aired   missed   flipped   hosts

① My favorite actress _____ a late-night talk show.
제가 가장 좋아하는 여배우는 심야 토크쇼를 진행합니다.

② Lots of viewers can take _____ in the quiz show.
많은 시청자가 그 퀴즈 쇼에 참여할 수 있습니다.

③ The show _____ last week. 그 쇼는 지난주에 방송되었습니다.

④ He must have sat in front of the TV and _____ through the channels. 그는 분명 TV 앞에 앉아 채널을 이리저리 돌리고 있었음에 틀림없습니다.

⑤ I might have _____ the episode. 저는 그 에피소드를 놓쳤을지도 모릅니다.

다음 인터뷰 내용을 읽고 오픽 문제 유형을 확인해봅니다.　◉MP3 09-01

Interviewer What is your favorite TV program? What is it about?

Interviewee My favorite TV program is a TV show titled Non Summit. It airs on cable TV every Monday night. There is a panel of twelve foreigners. All of them can speak Korean very well. They are given new topics to discuss each episode. The topics vary from social to political issues. Sometimes, the topic may be controversial. From time to time, their opinions on an issue can be the same or different. By watching their discussion, I can better understand foreign cultures. I think this program is useful because it can help people broaden their horizons.

면접관 당신이 가장 좋아하는 TV 프로그램은 무엇인가요? 무슨 내용인가요?

면접자 제가 가장 좋아하는 TV 프로그램은 비정상회담입니다. 이 프로그램은 매주 월요일 저녁 케이블 TV에서 방영합니다. 12명의 외국인 토론 참석자가 있습니다. 그 외국인들은 모두 한국어를 아주 잘합니다. 그들에게는 각 에피소드마다 새로운 토론 주제가 주어집니다. 그 주제들은 사회적인 문제부터 정치적 문제까지 매우 다양합니다. 때때로 그 주제는 논란거리가 될 수도 있습니다. 그 사이에 관한 그들의 의견은 같을 수도 있고 다를 수도 있습니다. 그들의 토론을 봄으로써 저는 다른 나라의 문화에 대해 더 잘 이해할 수 있습니다. 저는 이 프로그램이 사람들의 시야를 넓히는데 도움을 주기 때문에 유용하다고 생각합니다.

어휘 air on ~에서 방영하다　　panel 토론 참석자　　vary 다양하다　　from ~ to ~ ~부터 ~까지
by ~ing ~함으로써　　better understand 더 잘 이해하다　　broaden 넓히다　　horizon 시야

---

1. 위 지문에서 노란색으로 표시된 부분을 살펴보고 순서대로 의미군을 적어보세요.

> e.g. **All of them can speak Korean very well.**
> 그들 모두 / 말할 수 있어요 / 한국어를 / 아주 잘

영어식 사고 훈련이므로 반드시 해봅니다.

① Sometimes, the topic may be controversial. → _____

② From time to time, their opinions on an issue can be the same or different.

→ _____

③ I can better understand foreign cultures.

→ _____

2. 다음 질문에 대해 '나'와 관련된 내용을 간단하게 적으세요.

① 무슨 프로그램을 좋아하는지 :

② 좋아하는 프로그램이 언제 방영되는지 :

③ 그 프로그램은 무엇에 관한 것인지 :

자세한 문법 내용을 배우기 전에 문법적인 지식을 확인해봅니다.

1. 밑줄 친 우리말에 해당하는 영어 표현을 찾아 밑줄 치세요.

> e.g. 저는 바이올린을 <u>연주할 수 있어요</u>. → I <u>can play</u> the violin.

① 그 드라마는 온라인에서 <u>찾을 수 있어요</u>. → The drama can be found online.

② 재방송이 언제 시작하는지 알아보기 위해 방송 시간표를 <u>확인해야 합니다</u>.
  → You should check the TV listings to see what time the reruns start.

③ 우리는 컴퓨터나 스마트폰으로 뉴스를 <u>볼 수 있습니다</u>.
  → We may watch the news from computers and smartphones.

④ 그는 배가 고픈 게 <u>틀림 없어요</u>. → He must be hungry.

  ■ 위 문제에서 공통점이라 생각되는 부분 메모하기

자세한 설명은 **문법 익히기** 1. 조동사의 의미와 형태 부분을 확인하세요.

2. 밑줄 친 단어의 해석으로 알맞은 것을 고르세요.

> e.g. They <u>can</u> speak Korean very well. (⊙능력 / 가능성 / 허가)

① You <u>can</u> use the remote control on the table. (능력 / 가능성 / 허가)

② We <u>can</u> catch the show if we get home by two o'clock. (능력 / 가능성 / 허가)

③ You <u>can</u> come with me if you want. (능력 / 가능성 / 허가)

④ They <u>can</u> tell the difference between the two movies. (능력 / 가능성 / 허가)

  ■ 위 문제에서 공통점이라 생각되는 부분 메모하기

자세한 설명은 **문법 익히기** 2. 능력(ability) 또는 가능성(possibility)을 나타내는 조동사 부분과 3. 허가를 나타내는 조동사 부분을 확인하세요.

3. 다음 문장에서 밑줄 친 동사는 화자의 확실함을 나타내는 정도가 다릅니다. 가장 확실한 순서대로 쓰세요.

① The documentary is on TV tonight.

② The documentary must be on TV tonight.

③ The documentary may be on TV tonight.

④ The documentary could be on TV tonight.

■ 위 문제에서 공통점이라 생각되는 부분 메모하기

자세한 설명은 **문법 익히기** 4. 확신을 나타내는 조동사 부분을 확인하세요.

4. 다음 각 문장이 나타내는 시제가 과거인지 현재인지 쓰세요.

e.g. I might have left my smartphone at home. → [과거]

① The situation could have been worse.

② You can download the movie clip on the Internet.

③ She may have watched TV at home.

④ I should have gone to bed earlier.

■ 위 문제에서 공통점이라 생각되는 부분 메모하기

자세한 설명은 **문법 익히기** 6. 조동사의 과거와 현재 부분을 확인하세요.

1. 조동사의 의미와 형태

지금까지 be동사와 일반동사에 대해 알아보았습니다. 이는 문장에서 핵심적인 의미를 나타내지만 이 동사들만으로는 능력, 허가, 확신 등 부가적인 의미를 나타낼 수 없습니다. 이런 의미를 보충하기 위한 동사들로 can, may, must, should, could, might가 있습니다. 이 동사들을 문장에서 주요한 의미를 나타내는 동사(본동사)를 도와주는 조동사라고 부릅니다. 조동사는 본동사의 의미에 기능을 더해주는 것이므로 형태가 크게 바뀌지 않습니다. 가장 중요한 특징은 조동사 뒤에는 동사원형이 온다는 것입니다.

〈조동사의 형태〉

can, could, may, might, should, must, will + 동사원형

2. 능력(ability) 또는 가능성(possibility)을 나타내는 조동사

능력 또는 가능성을 표현할 때 쓸 수 있는 조동사로는 be able to, can, could가 있습니다. 여기서 be able to는 조동사는 아니지만 관용표현으로 함께 쓰여 능력을 나타냅니다. can과 could에 비해 be able to에는 '능력'을 표현하는 의미 하나뿐이기 때문에 '~을 할 수 있다'라는 의미로 원어민들이 자주 쓰는 표현입니다. can은 기본적으로 '현재의 능력', could는 '과거의 능력'을 나타내지만, 그 외의 더 다양한 뜻을 가지고 있기 때문에 반드시 현재/과거로만 구분할 수는 없습니다.

3. 허가를 나타내는 조동사

허가(허락)를 나타내는 조동사는 can과 may가 있습니다. can은 허물없는 사이에서 쓸 수 있는 표현이며 may는 좀 더 격식을 차려야 하는 관계에서 쓰입니다.

> e.g. **Can** I use your phone? 네 전화 좀 쓸 수 있을까? (친구나 가까운 사람 사이에서 씀)
>
> **May** I use your phone? 전화 좀 쓸 수 있을까요? (잘 모르는 사이거나 공식적인 경우에 씀)

4. 확신을 나타내는 조동사

must ~임에 틀림없다	**should** ~일 것이다(기대, 예측)	**may, might, could** ~일 수도 있다
약 95% 확신함	약 90% 확신함	약 50% 미만 확신함

5. 의무를 나타내는 조동사

의무(~해야 한다)를 나타내는 조동사로는 must, have to, have got to가 있습니다. must의 경우 should보다 더 강한 느낌으로 아주 강한 의무를 나타내며, 주로 공식적인 상황에서 사용됩니다. 일상회화에서는 have to와 have got to가 많이 쓰이는데, 특히 have got to가 더 많이 사용됩니다. 둘의 의미는 같습니다.

> e.g. I've got to go. (구어) = I have to go. 저는 가야 해요.
>
> You must wear the crash helmet. 당신은 반드시 안전모를 써야 합니다.

6. 조동사의 과거와 현재

조동사는 본동사와 달리 기능적인 부분을 수행하므로 그 형태가 바뀌지 않는다고 언급한 바 있습니다. 그래서 조동사가 과거를 나타낼 때는 뒤에 [have+과거분사(동사-ed/-en)] 형태가 오게 됩니다. 이때 have는 본동사의 '가지다'라는 의미가 아니라, 실질적인 의미 없이 단지 과거를 나타내주는 표시입니다. have 뒤에 나온 과거분사는 기존 일반동사나 be동사에 -ed 또는 -en을 붙여 동사의 모습이 아닌 형용사의 모습으로 바꿔 줍니다. 과거 형태와 비슷하게 생겼지만 과거형은 과거분사와는 다르게 쓰입니다. 앞서 말한 대로 형용사의 기능을 수행할 수 있습니다.

may, must, can, could, should	+ 동사원형	현재 또는 미래를 의미
may, must, can, could, should	+ have + 과거분사(p.p.)	과거 상황 및 사건에 대한 내용을 묘사

〈과거 상황을 나타내는 조동사 표현〉

should have 과거분사 ~했었어야 했다 (후회를 나타냄)

must have 과거분사 ~했었음에 틀림 없다 (강한 추측을 나타냄)

may(might) have 과거분사 ~했었을지 모른다 (약한 추측을 나타냄)

could have 과거분사 ~했었을 수도 있다 (약한 추측을 나타냄)

1. 다음 문장에서 틀린 곳을 찾아 고치세요.

① She should came home earlier.

② They must prepares for the quiz.

③ He mays wear glasses.

④ You must been joking.

2. 빈칸에 알맞은 조동사를 쓰세요.

① They _____ finish the work before the time was up.

② All the guests _____ try to do their best to solve the problem.

③ They are singing songs loudly, so we _____ hear them.

④ I'm not sure, but he _____ have appeared on the TV show some time ago.

3. 괄호 안의 단어들을 활용해 문장을 완성하세요.

> e.g. A: I missed the TV Show yesterday because I got home late.
> B: (come, home, early) <u>You should have come home earlier.</u>

① A: I'm interested in Italy. I didn't watch the documentary on Italy last night.

B: (shoud, watch) _____.

② A: Suddenly, the actor didn't say anything in the play.

B: (must, forget) _____.

③ A: I wonder why she tried to kill herself.

B: (might, suffer from, depression) _____.

④ A: The actress appeared on the talk show recently.

B: (must, starred) _____.

앞에서 배운 문법 구조를 가진 다양한 표현들을 배워봅니다.

---

1. 주어 + may as well + 동사원형 ~하는 것이 낫다

▶ may as well은 이디엄으로 '원치는 않지만 최선의 선택이라고 생각되는 것을 하는 것이 낫다'라는 표현입니다. may as well 뒤에는 동사원형이 옵니다.

We **may as well** go home now. 우리는 지금 집에 가는 게 낫습니다.

They **may as well** tell him honestly. 그들은 그에게 정직하게 말하는 게 낫습니다.

I **may as well** get started. 저는 시작하는 게 좋습니다.

---

2. 주어 + must be + 형용사 ~임에 틀림없다

▶ must는 강한 확신을 나타냅니다. must be는 현재 사실에 대한 확신을 나타내고 must have been은 과거 사실에 대한 확신을 나타냅니다.

It **must be** true. 진실임에 틀림없습니다.

He **must be** tired. 그는 피곤함에 틀림없습니다.

The contest **must be** difficult. 그 대회는 어려운 게 틀림 없습니다.

---

3. 주어 + have (got) to + 동사원형 ~해야 한다

▶ have got to는 구어에서 많이 쓰는 표현으로 have to와 같은 의미입니다.

I'**ve got to** go. 저는 가야 합니다.

I'**ve got to** know the answer. 저는 그 답을 알아야 합니다.

She'**s got to** study for the exam. 그녀는 시험 공부를 해야 합니다.

지금까지 학습한 내용을 토대로 작성된 다른 답안을 확인해봅니다.

What is your favorite TV program? What is it about?
당신이 가장 좋아하는 TV 프로그램은 무엇인가요? 무슨 내용인가요?

다음 빈칸에 알맞은 단어를 넣어 답변을 완성하세요.

1. 예능 프로그램　　　　　　　　　　　　　　　　　　　　　　　　　◉ MP3 09-02

One of my favorite TV programs is an entertainment show titled *Take care of my fridge*. This is about a small cooking competition. There are two groups of chefs and two guests are usually invited to the show. They ❶_____ show their fridge to the panel of chefs. The guests can ask the chefs to cook anything they want. Each representative of the two groups should cook the dish using only the ingredients in their fridge. They ❷_____ finish cooking in 15 minutes. Two chefs must ❸_____ nervous because of the limited time they have to cook. After that, the owner of the fridge tries the food and decides which dish is the best.

제가 가장 좋아하는 TV 프로그램 중에 하나는 '냉장고를 부탁해'라는 제목의 예능 프로그램입니다. 이 프로그램은 소규모의 요리 경연에 관한 것입니다. 두 그룹의 요리사가 있고 보통 두 명의 손님이 프로그램에 초대됩니다. 그들은 그들의 냉장고를 요리사들에게 보여줍니다. 손님들은 원하는 요리가 무엇이든 요리사에게 요청할 수 있습니다. 각각의 대표들은 오직 냉장고 안에 있는 것으로만 음식을 만들 수 있습니다. 그들은 15분 이내에 요리를 끝내야만 합니다. 제한시간이 있기 때문에 두 요리사는 분명 초조할 것입니다. 요리가 끝난 후 냉장고 주인은 맛을 보고 어느 요리가 최고인지 결정합니다.

2. 리얼 버라이어티　　　　　　　　　　　　　　　　　　　　　　　　◉ MP3 09-03

My favorite TV program is the reality show, *Infinite Challenge*. This program is so popular and the longest-running in Korea. The members of Infinite Challenge are considered people with below-average strength. They are made to challenge themselves by doing unusual activities. Of course, the tasks must ❶_____ tough for them. Although it's hard, they have ❷_____ to try to do their best to complete the task. By the way, I envy them because they ❸_____ go anywhere and experience any job they want.

제가 가장 좋아하는 TV 프로그램은 리얼리티 프로그램인 '무한도전'입니다. 이 프로그램은 한국에서 인기가 매우 많아서 오랫동안 방영하고 있습니다. 무한도전의 멤버들은 평균 이하의 능력을 가진 일반 사람들을 나타냅니다. 그들은 평범하지 않은 일을 함으로써 그들 자신에게 도전 의식을 북돋습니다. 물론 그들에게 주어진 임무는 매우 어렵습니다. 비록 그 도전이 힘들지라도 그들은 임무를 완수하기 위해 최선을 다해야 합니다. 어쨌든 저는 그들이 어디든 갈 수 있고 원하는 어떤 직업이든 경험할 수 있어서 부럽습니다.

OPIc 실전 연습

영어로 인터뷰를 한다고 상상해봅시다. 다음 질문에 영어로 대답하고 여러분의 휴대폰에 녹음해 보세요. (3~4문장 정도 얘기합니다.)

What is your favorite TV program?
What is it about?

당신이 가장 좋아하는 TV 프로그램은 무엇인가요?
무슨 내용인가요?

■ Your Answer

Self checkist ☑ 녹음 후 아래 내용이 포함됐는지 확인해봅니다.

1. 조동사를 알맞게 사용했습니까? ☐

2. 이번 Chapter에서 배운 새로운 단어를 사용했습니까? ☐

3. 3문장 이상 이야기했습니까? ☐

Healthy Person 건강한 사람

OPIc Background Survey의 선택 여부와 상관없이 출제되는 주제가 건강한 사람입니다. 건강한 사람과 관련해서는 건강을 위해 하는 일들, 또는 하지 않는 일들에 대해 묻는 문제가 자주 출제됩니다. 이 문제를 해결하기 위해 필요한 내용은 무엇이 있는지 알아보겠습니다.

어휘 쌓기   건강한 사람과 관련된 어휘들을 얼마나 알고 있는지 확인해봅니다.

1. 다음 중 그 의미를 알고 있는 단어에 ◯표 하세요.

meals	diet	be on a diet	achy	snack
digestive problem		high-fat	work out	backache

2. 우리말에 해당하는 영어 단어가 바로 떠오르면 ◯표 하세요.

끼니	식습관	다이어트하다	아픈	간식
소화 문제	고지방	운동하다	요통	

3. 다음 단어를 이용하여 빈칸을 채우세요.

keep	give up	overeats	skip	exercise

① People shouldn't _____ on a full stomach.
   사람들은 음식을 많이 먹은 상태로 운동하지 말아야 합니다.

② I _____ fit by jogging every morning.
   저는 매일 아침 조깅을 함으로써 건강을 유지합니다.

③ I couldn't _____ smoking. 저는 담배를 끊을 수 없었습니다.

④ He doesn't _____ breakfast. 그는 아침을 거르지 않습니다.

⑤ She never _____ because she doesn't want to gain weight.
   그녀는 살이 찌는 것을 원치 않기 때문에 절대 과식하지 않습니다.

Interviewer Do you think you're healthy? What do you usually do to stay healthy? What are things you don't do?

Interviewee In fact, I'm not a healthy person. So I try to do a couple of things to stay healthy. First of all, I walk for an hour a day after dinner. Second, I always eat breakfast. Third, I try to eat as many fruits and vegetables as possible. There are several other things I do to keep fit. I never drink too much alcohol. I try not to drink too much coffee as well. Lastly, I don't eat snacks between meals. These are things I do to stay healthy.

면접관 당신은 건강하다고 생각합니까? 당신은 건강을 유지하기 위해 보통 무엇을 합니까? 당신이 하지 않는 것은 무엇입니까?

면접자 사실 저는 건강한 사람은 아닙니다. 그래서 저는 건강을 유지하기 위해 몇 가지 노력을 합니다. 가장 먼저, 저는 저녁을 먹고 난 후 하루 한 시간씩 걷습니다. 두 번째로, 항상 아침을 먹습니다. 세 번째는 가능한 한 과일과 채소를 많이 먹으려고 노력합니다. 제가 건강을 위해 하는 것이 몇 가지 더 있습니다. 저는 절대 술을 많이 마시지 않습니다. 뿐만 아니라 커피도 많이 마시지 않으려고 노력합니다. 마지막으로 저는 간식을 먹지 않습니다. 이상이 제가 건강을 유지하기 위해 하는 것들입니다.

어휘 a couple of 두세 개의　　　stay healthy 건강을 유지하다　　　keep fit 건강을 유지하다

---

1. 위 지문에서 노란색으로 표시된 부분을 살펴보고 순서대로 의미군을 적어봅니다.

> e.g. I'm not a healthy person. 저는 / 아닙니다 / 건강한 / 사람이

① I never drink too much alcohol.

　→ _____

② I try not to drink too much coffee as well.

　→ _____

③ I don't eat snacks between meals.

　→ _____

영어식 사고 훈련이므로 반드시 해봅니다.

2. 다음 질문에 대해 '나'와 관련된 내용을 간단하게 적으세요.

① 건강을 위해 하는 운동 :

② 건강을 위해 먹는 음식 :

③ 건강을 위해 삼가는 활동 :

1. 밑줄 친 단어의 품사를 적으세요.

① I wasn't <u>lucky</u>.

② She isn't a <u>patient</u>.

③ They aren't <u>teenagers</u>.

④ We weren't <u>tired</u>.

■ 위 문제에서 공통점이라 생각되는 부분 메모하기

자세한 설명은 <u>문법익히기</u> 2. be동사 부정문 부분을 확인하세요.

2. 밑줄 친 단어에 주의하여 우리말로 해석하세요.

① I could <u>hardly</u> run because I was overweight.

② People <u>barely</u> have time to eat breakfast in the morning.

③ Many women can <u>scarcely</u> drink eight glasses of water a day.

④ She <u>hardly</u> ever eats vegetables.

■ 위 문제에서 공통점이라 생각되는 부분 메모하기

자세한 설명은 <u>문법익히기</u> 5. 부정을 나타내는 부사들 부분을 확인하세요.

3. 밑줄 친 단어 앞에 나오는 주어의 수가 단수인지 복수인지 써보세요.

① She <u>doesn't</u> need to lose weight.

② I <u>don't</u> like fried food.

③ They <u>don't</u> do regular physical activities.

④ James <u>doesn't</u> want to live in a city.

■ 위 문제에서 공통점이라 생각되는 부분 메모하기

자세한 설명은 **문법 익히기** 3. 일반동사 부정문 부분을 확인하세요.

4. 다음 빈칸에 not과 no를 바르게 채우세요.

① I do _____ have any money.

② I have _____ time to talk to you.

③ I've got _____ plans for this weekend.

④ I have _____ seen her for a long time.

■ 위 문제에서 공통점이라 생각되는 부분 메모하기

자세한 설명은 **문법 익히기** 6. not과 no의 차이점 부분을 확인하세요.

1. 부정문

부정문이란 no, not, never를 넣어 만든 문장으로 '~가 아니다'라는 뜻을 나타냅니다. 이때 no, not, never는 각각 성격에 따라 위치가 조금씩 다릅니다.

2. be동사 부정문

be동사(is, am, are)를 부정문으로 만들 때는 be동사 뒤에 바로 not이 옵니다. 구어에서는 축약형을 더 많이 사용합니다. be동사는 주로 1형식, 2형식에서 많이 볼 수 있습니다. **1형식으로 쓰인 경우 be동사 뒤에 부사가 오지만, 2형식으로 쓰인 경우에는 형용사나 명사가 옵니다.**

과거	was were	not	wasn't (was not의 축약형) weren't (were not의 축약형)
현재	am, is, are	not	isn't (is not의 축약형) aren't (are not의 축약형) ※ (am not은 축약이 안 됨)

※ was/were를 언제 쓰는지는 Chapter 6를 참고하세요.

3. 일반동사 부정문

be동사와 달리 일반동사는 부정문을 만드는 게 be동사보다 좀 더 복잡합니다. 일반동사에서 부정문을 만들 때는 조동사 do를 이용합니다. 이때 조동사 do는 일반동사 '~하다'의 do와 똑같은 모습을 하고 있지만 실질적인 의미는 없습니다. 단지 부정문을 만들기 위한 기능적인 역할만 할 뿐입니다. 일반동사를 부정문으로 만들 때 일반동사는 원형 형태로 쓰며, 일반동사 앞에 조동사 do와 not을 함께 써서 만듭니다.

	과거	did	not	(didn't)		
현재	단수 주어*	does	not	(doesn't)	+	동사원형
	복수 주어	do	not	(don't)		

※ 단수 주어 중 I와 You는 제외, I와 You는 조동사 do를 씁니다.

4. 조동사 부정문

조동사의 경우 시제에 따라 형태가 바뀌지 않고 조동사 뒤에 not을 씁니다. 일반동사와 마찬가지로 not 뒤에는 동사원형이 나옵니다.

must, can, should, will, may	+	**not**	+	동사원형

5. 부정을 나타내는 부사들

앞에서는 not을 이용해 부정문을 만드는 방법을 살펴보았습니다. 이번에는 not 외에 부정을 나타내는 의미의 부사들을 알아보겠습니다. **부정을 나타내는 부사들 중 회화에서 가장 많이 쓰이는 것은 never, hardly (ever)입니다. 반면 seldom, scarcely는 '거의 ~않다'라는 의미는 비슷하지만 좀 더 격식을 차린 단어들입니다.** 아래 부사들의 가장 큰 특징은 이미 단어 자체에 not의 의미가 있기 때문에 not과 함께 쓰지 않는다는 점입니다

never 결코 ~않다	**hardly** 거의 ~않다	**barely** 거의 ~않다	**scarcely** 거의 ~않다

e.g. I **never** go outside without coat. 저는 코트 없이는 절대 밖에 나가지 않습니다.

6. not과 no의 차이점

not과 no는 부정을 나타낸다는 점에서 의미는 같지만 성격은 전혀 다릅니다. 앞서 봤던 not은 부사로 be동사와 조동사 뒤에, 그리고 일반동사 앞에 옵니다. 하지만 no는 형용사로 명사 앞에 옵니다. 아래 예문과 같이, not은 동사를 꾸며주며 no는 명사를 꾸며줍니다. 이 두 문장의 의미는 동일하지만 말하는 의도 면에서 I have no money.라는 문장이 더 돈이 없음을 강조하는 형태가 됩니다.

e.g. I do **not**(don't) have any money. 저는 돈이 없어요.
　　　부사　　　동사

= I have **no** money. 저는 돈이 한 푼도 없어요.
　　　형용사　명사

1. 빈칸에 didn't, don't, doesn't 중 알맞은 것을 넣으세요.

① In general, people _____ care about what they eat.

② She _____ have a balanced diet when she was in her 20s.

③ Ms. Kim _____ get enough sleep these days.

④ Organic food _____ cost a lot.

2. 우리말 의미에 맞도록 빈칸을 채우세요.

① 그들은 건강하지 않습니다. → They _____ healthy.

② 그는 담배를 피우지 않습니다. → He _____ smoke.

③ 그녀는 운동을 거의 하지 않았습니다. → She _____ exercises.

④ 저는 결코 술을 먹지 않습니다. → I _____ drink alcohol.

3. 괄호 안의 단어들을 활용해 문장을 완성하세요.

① (meat, should, eat, not, you, much, too)

→ _____.

② (not, any, have, I, problems, digestive, did)

→ _____.

③ (stop, they, not, could, sneezing)

→ _____.

④ (was, he, a, smoker, heavy, not)

→ _____.

앞에서 배운 문법 구조를 가진 다양한 표현들을 배워봅니다.

---

1. 주어 + **can't be** + 형용사/명사 ~일리 없다

▶ can은 가능성 또는 능력을 나타내는 조동사지만 여기에서는 not be와 함께 쓰여 '~일리 없다'라는 추측을 나타냅니다.

It **can't be** helped. 어쩔 수 없겠죠.

That **can't be** true. 사실일 리 없어요.

You **can't be** serious. 농담 마세요.

---

2. 주어 + **don't have to** + 동사원형 ~할 필요가 없다

▶ have to는 '~을 해야 한다'라는 강한 의무를 나타내지만, don't have to가 되면 '~할 필요가 없다'라는 의미가 됩니다. 이와 같은 표현으로는 don't need to가 있습니다.

We **don't have to** take vitamin pills. 우리는 비타민을 섭취할 필요가 없어요.

I **didn't have to** sign up for the gym. 저는 체육관에 등록할 필요가 없었어요.

She **doesn't have to** exercise every day. 그녀는 매일 운동할 필요가 없어요.

---

3. 주어 + **be동사** + **too** + 형용사 + **to** + 동사원형 너무 ~해서 ~할 수 없다

▶ 이른바 too~to 용법은 문장에 not이 들어가 있지 않지만 부정의 의미를 나타냅니다. 여기서 too는 부사로 '너무'라는 의미입니다.

He **was too** young **to** drink alcohol. 그는 술을 마시기에 너무 어렸어요.

I **am too** tired **to** go out tonight. 오늘 밤 나가기에는 제가 너무 피곤해요.

The medicine **is too** expensive **to** buy. 그 약은 너무 비싸서 살 수 없어요.

Q 지금까지 학습한 내용을 토대로 작성된 다른 답안을 확인해봅니다.

Do you think you're healthy? What do you usually do to stay healthy? What are things you don't do?
당신은 건강하다고 생각합니까? 당신은 건강을 유지하기 위해 보통 무엇을 합니까? 당신이 하지 않는 것은 무엇입니까?

1. 30대 여성 `MP3 10-02`

I didn't have a healthy life style even a few years ago. As a matter of fact, I didn't get much exercise sitting in the office all day. In addition, I drank coffee with cream and sugar instead of water and ate fast food a lot. Surprisingly, despite those habits, ❶_____ happened to me at the time. However, those habits have led to health problems. Now I do a 30-minute workout every evening. And I try to avoid eating high-fat and salty food. I, also, ❷_____ ever add sugar to my coffee. I try to have a healthy, balanced diet. Although keeping this healthy diet ❸_____ _____ easy, I'll try to stick to it.

저는 몇년 전까지만 해도 건강한 생활습관을 가지고 있지 않았습니다. 사실 저는 운동을 많이 하지 않고 하루 종일 사무실에 앉아있었습니다. 게다가 저는 물 대신 크림과 설탕이 든 커피를 마셨고 패스트푸드도 많이 먹었습니다. 놀랍게도 이런 습관들에도 불구하고 그 당시에는 아무런 이상이 없었습니다. 그러나 이러한 습관이 최근에 와서 건강에 문제를 일으켰습니다. 지금 저는 매일 저녁 30분씩 운동을 합니다. 그리고 저는 고지방 음식과 짠 음식 먹는 것을 피하려고 노력합니다. 저는 커피에 설탕도 거의 넣지 않습니다. 저는 건강하고 균형 있는 식습관을 가지려고 노력 중입니다. 비록 이런 건강한 식습관 유지가 쉽지 않을지라도 저는 계속 고수해 나갈 것입니다.

2. 30대 남성 `MP3 10-03`

I was a healthy person when I was in my 20s. So I didn't ❶_____ _____ worry about my health. However, as I'm getting older, I'm starting to feel all achy. Now, I'm more health-conscious. I'm careful about what I eat. I ❷_____ eat heavy meals or flour-based foods because I have a digestive problem. But I can't ❸_____ attending our company gatherings after work. During these gatherings, I try not to drink too much alcohol. One thing I do to stay healthy is going to bed before 11 o'clock. I know a good night's sleep is very important for my health.

저는 20대에는 건강한 사람이었습니다. 그래서 저는 제 건강에 관해 어떠한 걱정도 할 필요가 없었습니다. 그러나 나이를 먹을수록 조금씩 온몸이 쑤시는 걸 느끼기 시작했습니다. 지금은 좀 더 건강에 신경을 씁니다. 저는 제가 먹는 것에 주의합니다. 저는 소화가 잘 안 되기 때문에 절대 과식하지 않고 밀가루 음식을 먹지 않습니다. 그러나 저는 일이 끝난 후의 회식은 피할 수 없습니다. 회식할 때 저는 술을 많이 마시지 않으려고 노력합니다. 제가 건강을 유지하기 위해 하는 한 가지는 11시 전에 잠자리에 드는 겁니다. 저는 잠을 잘 자는 것이 건강에 얼마나 중요한지 알고 있습니다.

OPIc 실전 연습 영어로 인터뷰를 한다고 상상해봅시다. 다음 질문에 영어로 대답하고 여러분의 휴대폰에 녹음해 보세요. (3~4문장 정도 얘기합니다.)

> **Do you think you're healthy? What do you usually do to stay healthy? What are things you don't do?**
>
> 당신은 건강하다고 생각합니까? 당신은 건강을 유지하기 위해 보통 무엇을 합니까? 당신이 하지 않는 것은 무엇입니까?

■ Your Answer

Self checkist ☑ 녹음 후 아래 내용이 포함됐는지 확인해봅니다.

1. 부정문을 알맞게 사용했습니까? ☐
2. 이번 Chapter에서 배운 새로운 단어를 사용했습니까? ☐
3. 3문장 이상 이야기했습니까? ☐

원어민 발음 익히기 02

OPIc 시험을 준비한다면 과거시제와 현재시제가 단어에 따라 어떻게 다르게 발음되는지 반드시 알아둡니다. 이는 발음의 정확성과 관련이 있습니다. 그리고 유창한 발음을 위해서는 연음 규칙도 알아둬야 합니다.

TIP#1 과거시제 -ed의 발음　　　　　　　　　　　　　　　　　　　◉ MP3 발음 05

과거형 -ed는 단어의 끝이 어떤 발음으로 끝나느냐에 따라 [트], [드], [이드]와 같이 3가지 형태로 발음됩니다.

1. [트]로 발음되는 경우 : 단어의 끝이 p, k, s, ch, sh 발음될 때

　예 stopped, cooked, expressed, watched, finished

2. [드]로 발음되는 경우 : 단어의 끝이 l, n, v, b 발음될 때

　예 called, gained, moved, described

3. [이드]로 발음되는 경우 : 단어의 끝이 t, d 발음될 때

　예 wanted, needed, started, added

TIP#2 현재시제 -(e)s의 발음　　　　　　　　　　　　　　　　　　　◉ MP3 발음 06

일반동사에 -s또는 -es가 붙으면 다음과 같이 3가지 형태로 발음됩니다.

1. [스]로 발음되는 경우 : 단어의 끝이 p, k일 때

　예 helps, likes, stops, looks

2. [츠]로 발음되는 경우 : 단어의 끝이 t일 때

　예 wants, meets, gets, lets

3. [즈]로 발음되는 경우 : 단어의 끝이 d, n, ee, g, ge, ze, xe일 때

　예 needs, earns, sees, charges

4. [이즈]로 발음되는 경우 : 단어의 끝이 s, z, x, sh, ch, ss, zz일 때

　예 catches, finishes, teaches, passes

TIP#3 연음에 따라 자연스럽게! MP3 발음 07

🎧 MP3 발음 07

연속되는 두 단어 중 첫 단어 끝이 모음으로 끝나고 이어서 나오는 단어가 모음으로 시작하는 경우 [w] 또는 [y] 소리로 단어를 연결합니다.

[w]로 연결되어 발음되는 경우 ('우-' 입 모양이 되도록 발음한다.)	첫 번째 단어가 [o], [u]와 같이 입술이 둥글게 될 때 e.g. you are you afraid [w] [w]
[y]로 연결되어 발음되는 경우 ('이-' 입 모양이 되도록 발음한다.)	첫 번째 단어가 [e], [u], [a]와 같이 양 옆으로 입을 길게 늘릴 때 e.g. I am He is We are [y] [y] [y]

TIP#4 you, to, of 연음 규칙

🎧 MP3 발음 08

you, to, of는 앞에 오는 단어와 결합해서 몇 가지 연음 현상을 일으킵니다. 아래 예시는 가장 대표적인 연음 형태입니다.

	기본형	연음 발음
단어 + you	could you would you did you	[kʊʤə] [wʊʤə] [dɪʤə]
단어 + to	have to has to going to	[hæftə] [hæstə] [gʌnə]
단어 + of	lots of lot of kind of	[lɑtsə] [lɑdə] [kaɪndə]

Role-play 롤플레이
(Asking Ava)
(에바에게 질문하기)

Chapter 11

OPIc 시험만의 특별한 문제 유형으로 롤플레이 문제가 있습니다. 롤플레이는 다른 유형의 질문과 달리 설명이나 묘사가 아닌 의문문을 많이 사용합니다. 대표적인 롤플레이 유형은 아바타 면접관인 Ava에게 2~3개의 질문을 하는 것입니다.

어휘 쌓기

Role-play와 관련된 어휘들을 얼마나 알고 있는지 확인해봅니다.

1. 다음 중 그 의미를 알고 있는 단어에 ○표 하세요.

keep house	move into	furnished house	renew the lease
pay the rent	the utilities	hectic pace of life	city life country life

2. 우리말에 해당하는 영어 단어가 바로 떠오르면 ○표 하세요.

집안일을 하다	이사하다	가구가 있는 집	임대 계약을 갱신하다
월세를 내다	공공요금	바쁜 삶	도시 생활 시골 생활

3. 다음 단어를 이용하여 빈칸을 채우세요.

provide	keep	look for	rent	prefer

① Do you _____ living with your family or alone?
당신은 가족과 함께 사는 것과 혼자 사는 것 중 어느 것을 선호합니까?

② Does your community _____ free sports facilities for its residents?
당신의 지역사회에서는 주민들을 위한 스포츠 시설을 무료로 제공하나요?

③ Do they _____ pets in their apartment? 그들은 아파트에서 애완동물을 기르나요?

④ Did he _____ a studio apartment? 그가 원룸을 빌렸나요?

⑤ Do I have to _____ another restaurant? 제가 다른 식당을 찾아야 하나요?

다음 인터뷰 내용을 읽고 오픽 문제 유형을 확인해봅니다. 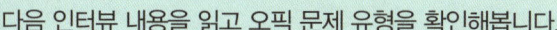 ◉ MP3 11-01

Interviewer I live in New York. Please ask me two or three questions about the city.

Interviewee I heard New York is a busy city. ==Do you like living in the city?== Oh, you like it. Do you like the hectic pace of life? That's good. How about the housing? ==Do people in New York usually live in apartments?== Actually, in my country, many people live in apartments. ==Do you have any pets?== ==Does your cat live outside or in the apartment?== Is it okay to keep pets in your apartment? That's good for you. Thank you for your answers.

면접관 저는 뉴욕에 살고 있습니다. 뉴욕에 관해 2~3가지 정도 제게 질문해주세요.

면접자 제가 들은 뉴욕은 매우 바쁜 도시입니다. 당신은 그 도시에 사는 것을 좋아하나요? 오, 좋아하는군요. 당신은 정신 없이 바쁜 삶을 좋아하나요? 다행이네요. 집은 어떤가요? 뉴욕 사람들은 보통 아파트에 사나요? 사실 우리 나라에서는 많은 사람이 대체로 아파트에 살아요. 당신은 애완동물이 있나요? 그렇다면 당신 고양이는 집 바깥에서 사나요, 안에서 사나요? 당신의 아파트에서는 애완동물을 길러도 괜찮은가요? 정말 다행이네요. 대답해주셔서 정말 감사해요.

어휘 hectic 바쁜　　housing 주택　　pet 애완동물　　outside 바깥에서　　keep a pet 애완동물을 기르다

---

1. 위 지문에서 노란색으로 표시된 부분을 살펴보고 순서대로 의미군을 적어보세요.

> e.g. Do you like living in the city?　당신은 / 좋아하나요 / 사는 것을 / 도시에서

① Do people in New York usually live in apartments?

→ _____

② Do you have any pets?　→ _____

③ Does your cat live outside or in the apartment?

→ _____

영어식 사고
훈련이므로
반드시
해봅니다.

2. Ava에게 어떤 질문을 할지 생각해봅니다.

① 도시에 대한 의견 :

② 뉴욕 사람들의 특징 :

③ 개인적인 생활의 특징 :

1. 다음 문장에서 동사를 찾아 밑줄을 치고 be동사인지 일반동사인지 구분하세요.

> e.g. She doesn't <u>need</u> much room.
> ↳ 일반동사

① I live in a two-story house.

② They stayed in the hotel for a few days.

③ She's worried about the rent increasing.

④ We didn't see the place.

■ 위 문제에서 공통점이라 생각되는 부분 메모하기

자세한 설명은 **문법 익히기** 1. 의문문 종류 부분을 확인하세요.

2. 다음 문장이 과거인지 현재인지 쓰세요.

① Did you find a roommate?

② Does your cat live outside or in the apartment?

③ Do visitors need parking permits?

④ Did the landlord give you the key?

■ 위 문제에서 공통점이라 생각되는 부분 메모하기

자세한 설명은 **문법 익히기** 2. 의문문 형태 부분을 확인하세요.

3. 밑줄 친 단어의 형태에 영향을 미친 단어를 찾아 쓰세요.

> e.g. <u>Do</u> I have to send an e-mail to you? → [문장의 주어 I 때문에 Do가 됨]

① <u>Does</u> he wear a uniform?

② <u>Do</u> the students practice a lot?

③ <u>Do</u> you need some help?

④ <u>Does</u> anyone else live near the river?

■ 위 문제에서 공통점이라 생각되는 부분 메모하기

자세한 설명은 **문법 익히기** 2. 의문문 형태 부분을 확인하세요.

4. 다음 영어 문장을 우리말로 해석하세요.

① Can't you remember the city name? You went there last weekend.

② I can't believe you failed the exam. Didn't you study enough?

③ Doesn't your mother work at a bank? I thought she worked at a bank.

④ Why are you here? Didn't you go to school?

■ 위 문제에서 공통점이라 생각되는 부분 메모하기

자세한 설명은 **문법 익히기** 4. 부정의문문 기능 부분을 확인하세요.

1. 의문문 종류

의문문은 크게 두 가지로 나눌 수 있습니다. 하나는 Yes/No로 대답할 수 있는 질문 유형이고, 다른 하나는 Yes/No만으로 대답할 수 없어서 더 길게 이야기해야 하는 질문 유형입니다. 전자를 Closed Questions(폐쇄형 질문)이라고 하고 후자를 Open Questions(개방형 질문)이라고 부릅니다. OPIc 시험에서 Ava에게 질문을 할 때는 이 두 가지 유형을 적절하게 섞어서 질문하는 것이 좋습니다.

〈의문문 유형〉

폐쇄형 질문		개방형 질문
일반동사 의문문	be동사 의문문	Wh-의문문
Q: Do you like sports? A: Yes, I do.	Q: Are you a student? A: No, I'm not.	Q: What do you do for a living? A: I am a computer engineer.

2. 의문문 형태

일반동사 의문문은 문장의 동사가 be동사가 아닌 일반동사일 경우의 의문문입니다. 이때 의문문을 만들기 위해서는 조동사 do를 이용하는데 do는 조동사이므로 실질적인 의미를 지니지 않습니다. 과거는 did, 현재는 do와 does를 쓰는데 주어가 단수인 경우에는 does를 씁니다. 예외적으로 I와 You는 단수이지만 do를 씁니다.

시제	형태				
과거	Did		주어		
현재	Do	+	I, you, people (복수)	+	동사원형
	Does		she, he, it (단수)		

3. 부정의문문 형태

부정의문문은 not을 붙여 만든 의문문 형태를 의미합니다. 조동사 do에 not을 붙여 didn't, don't, doesn't 이렇게 씁니다. 보통 일상적인 회화에서는 이렇게 축약해서 쓰지만 공식적인 상황에서는 축약하지 않고 do와 not을 떼어서 쓰기도 합니다.

e.g. **Don't** you remember the city name?   (일반적인 대화에서 사용)

Do you **not** remember the city name?   (매우 공식적인 경우 사용)

4. 부정의문문 기능

부정의문문은 그 발화 의도가 중립적이지 않습니다. 부정의문문은 믿고 있는 사실을 토대로 화자가 가지는 의견이나 태도(놀라움, 짜증, 충격, 분노 등)를 내포하고 있습니다.

e.g. **Don't** you remember the city name? You even went to the city last weekend.

→ 이 말에는 지난주에 다녀왔는데도 그 도시 이름을 기억 못하는 상대방에 대한 타박이 섞여 있습니다.

I can't believe you failed the exam. **Didn't** you study hard?

→ 화자는 상대방이 공부를 열심히 했음에도 불구하고 시험에 떨어졌다는 사실에 놀라움을 나타냅니다.

Doesn't your mother work at a bank? I thought she's been working at a bank.

→ 화자는 그녀가 은행에서 일하고 있다는 믿음을 가지고 질문하고 있습니다.

Why are you here? **Didn't** you go to school?

→ 화자는 상대방이 당연히 학교에 갔을 것이라는 믿음이 어긋난 데서 오는 의아함이 내포되어 있습니다.

1. 빈칸에 do 또는 does를 알맞게 넣으세요.

① _____ he work from home?

② _____ Ms. Lee enjoy the lively nightlife?

③ _____ you have anything particular in mind?

④ _____ they usually walk to work?

2. 다음 문장을 의문문으로 바꾸세요.

① He takes out the garbage every day. →

② My wife drove to work this morning. →

③ Many people use key cards. →

④ The plumber fixed the pipe yesterday. →

3. 주어진 대답이 나올 수 있도록 괄호 안의 단어를 활용해서 질문을 만드세요.

① (children, like, apartment)

  → No, they don't. They want to live in a three-story house.

    아니요. 좋아하지 않습니다. 아이들은 삼층집에 살기를 원합니다.

② (have, swimming pool)

  → Yes, we do. The swimming pool is behind the apartment.

    네. 그렇습니다. 수영장은 아파트 뒤에 있습니다.

③ (go camping, last weekend)

  → No, I didn't. I visited my grandparents, instead.

    아니요. 가지 않았습니다. 대신 저는 할아버지 댁에 방문했습니다.

④ (city bus, allow, carried on)

  → Yes, it does. However, they(the bikes) should be put in the trunk.

    네. 하지만 자전거는 트렁크에 실어야 합니다.

앞에서 배운 문법 구조를 가진 다양한 표현들을 배워봅니다.

---

1. **Do you happen to + 동사원형 ~?** 혹시 ~하나요?

▶ 여기서 happen to는 '혹시나'하는 가능성이 적은 경우에 묻는 질문입니다. 주로 know, see, have와 자주 쓰입니다.

Do you happen to know the place? 혹시 그 장소를 알아요?

Do you happen to know the way to the restaurant? 혹시 그 레스토랑에 가는 길을 알아요?

Do you happen to have a smoking area? 혹시 흡연구역이 있어요?

---

2. **Do I need to + 동사원형 ~?** 제가 ~해야 할까요?

▶ Do I need to는 본인의 의무에 대해 묻는 표현입니다. 이와 바꿔 쓸 수 있는 표현은 Do I have to가 있습니다.

Do I need to hand in the paper by tomorrow? 제가 내일까지 과제를 내야 할까요?

Do I need to buy the tickets in advance? 제가 미리 티켓을 사야 할까요?

Do I need to wait in line? 제가 줄에서 기다려야 할까요?

---

3. **Did you have a good time + 부사(구)~?** 좋은 시간을 보냈나요?

▶ have a good time은 '좋은 시간을 보내다'라는 뜻입니다. 부사구 자리에는 [전치사+명사] 형태로 나올 수 있으며 장소를 나타내거나 시간, 또는 누구와 함께 보냈는지 덧붙일 수 있습니다.

Did you have a good time in New York? 당신은 뉴욕에서 즐거운 시간을 보냈나요?

Did you have a good time with your family? 당신의 가족과 좋은 시간을 보냈나요?

Did you have a good time last weekend? 지난 주말 좋은 시간을 보냈나요?

Q

지금까지 학습한 내용을 토대로 작성된 다른 답안을 확인해봅니다.

I live in New York. Please ask me two or three questions about the city.
저는 뉴욕에 살고 있습니다. 제게 뉴욕에 관해 2~3가지 정도 질문해주세요.

다음 빈칸에 알맞은 단어를 넣어 답변을 완성하세요.

1. 생활 관련   🎧 MP3 **11-02**

I've never been to New York. Do you like the city? You don't like the city? Why? Um… I see. Do you live in an apartment? How ❶_____ you find your apartment? Lucky you! ❷_____ it cost a lot to live in New York? That's quite expensive. I'd like to visit New York someday, though. Do you think it's easy to get a job there? Oh, yeah, I think so. ❸_____ New Yorkers usually go to work by bus? I heard that there are traffic jams every morning. How do you put up with the heavy traffic? Oh, that's good for you. Thank you for your time.

저는 뉴욕에 가 본 적이 없어요. 당신은 그 도시를 좋아하나요? 그 도시를 좋아하지 않는다고요? 왜요? 네, 그렇군요. 당신은 아파트에 살고 있나요? 당신의 아파트는 어떻게 찾았죠? 운이 좋네요. 뉴욕에서 사는 비용이 많이 드나요? 꽤 비싸군요. 그래도 저는 언젠가 뉴욕에 방문하기를 바라고 있어요. 그곳에서 직장 구하는 건 쉬운가요? 아, 그렇군요. 저도 그렇게 생각해요. 뉴욕 사람들은 보통 버스를 타고 출근하나요? 매일 아침 엄청난 교통체증이 있다고 들었어요. 당신은 극심한 교통체증을 어떻게 견뎌내나요? 아, 당신에게 잘됐군요. 시간 내줘서 고마워요.

2. 여행 관련   🎧 MP3 **11-03**

It's good to hear you live in New York because I'm leaving for New York next month, but nothing has been decided yet. Can you recommend a place to go sightseeing? Oh, thank you. I'll check it out. What about the food? Do you ❶_____ ❷_____ know the restaurant called Burger Jack? I heard it's a small restaurant known for its amazing burgers near New York, but it isn't in my travel guide. Oh, you went there last month? Then did you ❸_____ a good time there? Oh, I see. Thank you for your advice.

당신이 뉴욕에 살고 있다고 듣고 반가웠어요. 왜냐하면 제가 다음 달에 뉴욕에 가는데 아직 정해진 게 아무것도 없거든요. 당신은 어떤 장소를 추천하나요? 오, 감사해요. 확인해봐야 겠어요. 음식은 어떤가요? 당신은 혹시 Burger Jack이라는 레스토랑을 알고 있나요? 저는 그곳이 뉴욕 근처에 있는 걸로 알아요. 그곳은 햄버거로 유명한 식당이라고 들었는데 제 여행 책자에는 없더라고요. 오, 당신도 지난달에 다녀왔군요? 그렇다면 좋은 시간을 보냈나요? 오, 알겠어요. 조언해주셔서 감사해요.

OPIc 실전 연습

영어로 인터뷰를 한다고 상상해봅시다. 다음 질문에 영어로 대답하고 여러분의 휴대폰에 녹음해 보세요. (3~4문장 정도 얘기합니다.)

I live in New York. Please ask me two or three questions about the city.

저는 뉴욕에 살고 있습니다.
제게 뉴욕에 관해 2~3가지 정도 질문해주세요.

■ Your Answer

Self checkist ☑ 녹음 후 아래 내용이 포함됐는지 확인해봅니다.

1. 조동사 do를 이용해 의문문을 알맞게 사용했습니까? ☐

2. 이번 Chapter에서 배운 새로운 단어를 사용했습니까? ☐

3. 3문장 이상 이야기했습니까? ☐

Role-play 롤플레이
(Reservation) (예약)

롤플레이의 첫 번째 유형은 면접관에게 질문하는 것이었습니다. 두 번째 유형은 쇼핑, 예약, 약속 등 일상생활과 관련된 상황에서 질문하는 것입니다. 이번 Chapter에서는 be동사, 조동사 의문문에 대해 살펴보겠습니다.

어휘 쌓기 Role-play와 관련된 어휘들을 얼마나 알고 있는지 확인해봅니다.

1. 다음 중 그 의미를 알고 있는 단어에 ○표 하세요.

under the name of~	make a reservation	by the window
in the corner	the soup of the day	the house specialty
three-course set menu		

2. 우리말에 해당하는 영어 단어가 바로 떠오르면 ○표 하세요.

~라는 이름으로	예약하다	창가의	구석에
오늘의 수프	특선요리	3가지 코스 세트 메뉴	

3. 다음 단어를 이용하여 빈칸을 채우세요.

playground	have	by card	included	available

① Do you have any rooms _____? 빈 방 있어요?

② Could I _____ the menu, please? 메뉴 좀 볼 수 있어요?

③ Is there an indoor _____? 그곳에 실내놀이터가 있어요?

④ Can I pay _____? (신용)카드로 계산할 수 있나요?

⑤ Is the service charge _____? 봉사료가 포함되어 있나요?

다음 인터뷰 내용을 읽고 오픽 문제 유형을 확인해봅니다. 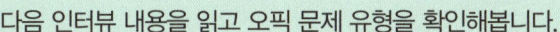 ◎MP3 12-01

Interviewer You're going to book a table for a special occasion with your family. Please call the restaurant and ask three or four questions about it.

Interviewee Hello, is this Juno restaurant? I'd like to make a reservation. Do you have a table for four at seven on July 28th? Great! I'm taking my two kids to the restaurant. Is there an indoor playground? That's perfect. And, do you have high-chairs? That's good. What about the menu? Can you recommend some meals from the children's menu? Okay, they sound good. Will you send a confirmation message by SMS? Thank you so much. I appreciate your help.

면접관 당신은 가족과 특별한 날을 위해 식사를 예약할 겁니다. 레스토랑에 전화해서 예약에 관해 3~4가지 질문을 해보세요.

면접자 안녕하세요, 거기 Juno 레스토랑인가요? 예약을 하고 싶은데요. 7월 28일 7시에 4명 테이블이 있나요? 좋아요! 저는 아이 2명도 함께 데려갈 겁니다. 그곳에 실내놀이터가 있나요? 완벽하군요. 그리고 유아용 의자가 있나요? 좋아요. 메뉴는 어떤가요? 아이들을 위한 메뉴를 추천해주실 수 있나요? 네, 메뉴 괜찮네요. 문자로 확정된 내용을 보내주실 수 있나요? 정말 감사합니다. 도와주셔서 고마워요.

어휘 book a table 자리를 예약하다　　occasion 행사　　make a reservation 예약하다
take ~ to ~를 ~로 데려가다　　indoor 실내의　　high-chairs 유아용 의자

---

1. 위 지문에서 노란색으로 표시된 부분을 살펴보고 순서대로 의미군을 적어보세요.

> e.g. Is this Juno restaurant? 입니까 / 거기가 / Juno 레스토랑

 영어식 사고 훈련이므로 반드시 해봅니다.

① Is there an indoor playground? → _____

② Can you recommend some meals? → _____

③ Will you send a confirmation message by SMS?

→ _____

2. 예약과 관련해서 어떤 질문을 할지 생각해봅니다.

① 예약 날짜 및 시간 :

② 메뉴 :

③ 기타 부대시설 :

1. 다음 문장에서 동사를 찾아 밑줄을 치고 be동사인지 일반동사인지 구분하세요.

> e.g. We're available this afternoon at four o'clock.
> └→ be동사

① I'm ready for dessert.

② She isn't a vegetarian.

③ You are never satisfied with the food there.

④ My parents want beefsteak for dinner.

　■ 위 문제에서 공통점이라 생각되는 부분 메모하기

자세한 설명은 **문법 익히기** 1. be동사 의문문 형태 부분을 확인하세요.

2. 다음 문장이 현재인지 미래인지 쓰세요.

① When will you be visiting us?

② Are there any tables available for tonight?

③ Are you ready to order?

④ Is that really you?

　■ 위 문제에서 공통점이라 생각되는 부분 메모하기

자세한 설명은 **문법 익히기** 1. be동사 의문문 형태 부분을 확인하세요.

3. 다음 밑줄 친 동사의 목적어를 찾아 쓰세요.

① Would you <u>like</u> some tea?

② Do you <u>want</u> to join us?

③ Would you <u>like</u> to move to a quieter place?

④ Do you <u>want</u> a room with an ocean view?

■ 위 문제에서 공통점이라 생각되는 부분 메모하기

자세한 설명은 문법
익히기 3. 조동사 의문문 유형 부분을 확인하세요.

4. 다음 질문이 부탁인지 권유인지 쓰세요.

① Would you care for dessert?

② Would you like another cup of coffee?

③ Can you get me a glass of water?

④ Will you check it for me?

■ 위 문제에서 공통점이라 생각되는 부분 메모하기

자세한 설명은 문법
익히기 3. 조동사 의문문 유형 부분을 확인하세요.

1. be동사 의문문 형태

〈단순시제 의문문〉

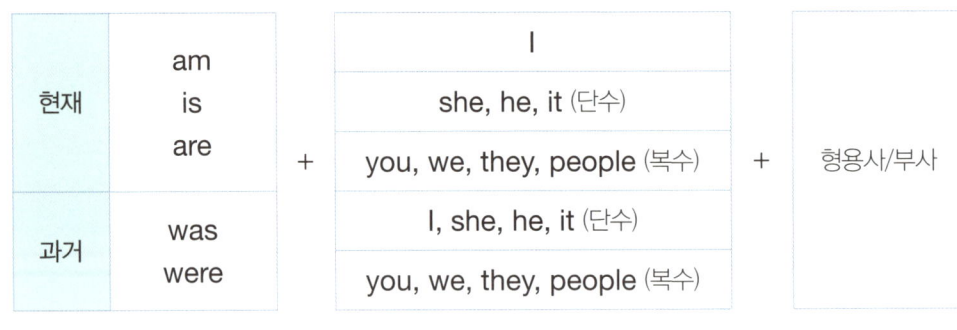

현재	am is are	+	I she, he, it (단수) you, we, they, people (복수)	+	형용사/부사	
과거	was were		I, she, he, it (단수) you, we, they, people (복수)			

〈진행시제 의문문〉

현재 진행	is am	+	she, he, it you, we, they, people	+	동사+-ing
과거 진행	was were		I, she, he, it you, we, they, people		

2. 조동사 의문문 형태

조동사 의문문 형태는 be동사 의문문이나 일반동사 의문문 형태보다 간단합니다. be동사와 마찬가지로 조동사를 문장의 맨 앞으로 옮깁니다. 조동사 뒤에는 원래 동사원형이 오므로 주어에 맞춰 동사를 변형하지 않아도 됩니다.

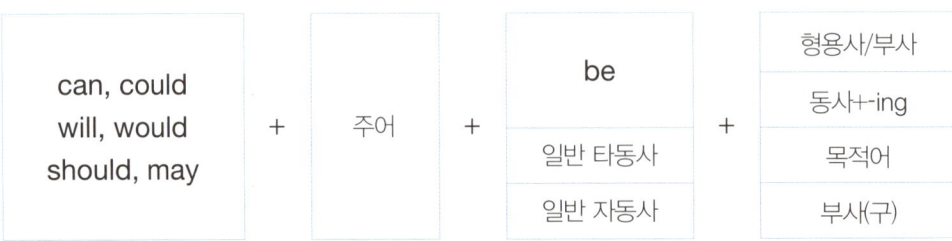

can, could will, would should, may	+	주어	+	be 일반 타동사 일반 자동사	+	형용사/부사 동사+-ing 목적어 부사(구)

3. 조동사 의문문 유형

조동사 의문문은 의문문 형태를 취하고 있긴 하지만 실제 궁금한 내용을 묻기보다는 요청이나 제안 등을 나타내는 경우가 많습니다. OPIc 롤플레이 문제에서는 상대방에게 제안을 하거나 문제를 해결하기 위해 부탁을 해야 하는 상황이 주어지므로 이런 표현들을 숙지해야 합니다

① 요청의 조동사 의문문

누군가에게 요청이나 부탁할 때 쓸 수 있는 조동사는 can, will, could, would가 있습니다. 특히 이 경우에는 주어가 you로 상대인 경우가 대부분입니다. 이때 can과 will은 could와 would보다 격식을 덜 차린 표현입니다. 상대방을 잘 모르는 경우이거나 어려운 사람이라면 would나 could를 쓰는 것이 좋습니다.

e.g. **Can(Could) you ~?** ~을 해주겠어요?(~를 해주시겠습니까?)

Will(Would) you please ~? ~을 해주겠어요?(~를 해주시겠습니까?)

② 허가의 조동사 의문문

허가를 묻는 조동사로는 may, can, could 등이 있습니다. 보통 이 경우에는 주어로 I나 We가 옵니다.

e.g. **May I(we) ~?** 제가(우리가) ~할 수 있을까요?

Could I(we) ~? 제가(우리가) ~할 수 있을까요?

Can I(we)~? 제가(우리가) ~할 수 있나요?

③ 권유 또는 제안의 조동사 의문문

권유나 제안을 할 때 would you like와 do you want를 많이 사용합니다. 전자가 더 정중한 표현이고 do you want는 가까운 사이에서 쓸 수 있습니다. 이때 주의할 것은 like와 want는 3형식 동사로 목적어 자리에 명사 또는 to부정사가 올 수 있습니다. 만약 '커피를 원하세요?'라고 묻고 싶은 경우, 커피가 명사이므로 to를 빼고 말합니다.

e.g. **Would you like some tea?** 차 드시겠어요?
명사

Would you like to join us? 같이 하실래요?
to부정사

Do you want some tea? 차 드시겠어요?
명사

Do you want to join us? 같이 하실래요?
to부정사

1. 빈칸에 be동사를 알맞게 넣어 의문문을 완성하세요.

① _____ these pictures yours?

② _____ your child five years old?

③ _____ you Mr. Kim?

④ _____ that woman sitting in the corner your friend?

2. 다음 문장을 의문문으로 바꾸세요.

① I am the manager of this restaurant. → _____

② I'm not available tonight. → _____

③ We will be arriving at seven tomorrow evening.

     → _____

④ There are tables by the window. → _____

3. 주어진 대답이 나올 수 있도록 괄호 안의 단어를 활용해서 질문을 만드세요.

① (table, four, outside)

     _____

     → I'm afraid not, we're fully booked now.
       유감스럽게도 저희는 지금 예약이 꽉 차있습니다.

② (like, dinner)

     _____

     → Sure thing. I'll join you tonight. 물론이죠. 오늘 밤 함께 하시죠.

③ (offer, me, discount)

     _____

     → I'm sorry, but we can't. 죄송하지만 안 됩니다.

④ (far from, the restaurant)

     _____

     → No, it isn't. It's close to the subway station. 아니요. 지하철역과 가까이 있습니다.

앞에서 배운 문법 구조를 가진 다양한 표현들을 배워봅니다.

---

1. **Would it be possible (for 사람 목적어) + to + 동사원형?** ~가 ~하는 게 가능합니까?

▶ would 뒤에 나오는 it은 주어로서 큰 의미가 없습니다. 실제 주어가 매우 길기 때문에 주어 자리에 it을 두고 진짜 내용은 to부정사 뒤로 보냅니다. 이때 to부정사의 주어를 표시하기 위해 전치사 for를 씁니다. 영어에서는 주어 자리를 비울 수 없기 때문에 it이라는 가주어를 둡니다.

Would it be possible to put me on the waiting list?
대기자 명단에 제 이름을 넣는 것이 가능합니까?

Would it be possible to cancel the reservation? 예약을 취소하는 게 가능합니까?

Would it be possible for me **to** leave a message for him?
제가 그에게 메시지를 남기는 것이 가능할까요?

---

2. **Are you willing to + 동사원형 ~?** 기꺼이 ~하겠어요?

▶ 여기서 willing은 '기꺼이, 자발적으로 ~을 하겠다'는 뜻을 나타내는 형용사입니다.

Are you willing to work overtime? 야근을 자청할 거예요?

Are you willing to pay double for organic food? 유기농 음식에 두 배의 가격을 기꺼이 지불하겠어요?

Are you willing to try bizarre foods? 이상한 음식을 기꺼이 먹어보겠어요?

---

3. **Could(Can) I have ~?** ~을 주시겠어요?

▶ 음식을 주문할 때 Could I have라는 표현을 씁니다. Could가 더 정중한 표현이며 can은 격식을 차리지 않고 평소에 가까운 사이에서 쓰는 표현입니다. 이와 같은 뜻으로 주문할 때 쓸 수 있는 표현은 I'll have~가 있습니다.

Could I have the shrimp pasta? 새우파스타를 주시겠어요?

Could I have the chicken breast? 닭가슴살 주시겠어요?

Could I have a cup of coffee? 커피 한 잔 주시겠어요?

모범답안 확인하기 Q

지금까지 학습한 내용을 토대로 작성된 다른 답안을 확인해봅니다.

You're going to book a table for a special occasion with your family. Please call the restaurant and ask three or four questions about it.
당신은 가족과 특별한 날을 위해 식사를 예약할 겁니다. 레스토랑에 전화해서 예약에 관해 3~4가지 질문을 해보세요.

다음 빈칸에 알맞은 단어를 넣어 답변을 완성하세요.

1. 메뉴 문의

MP3 12-02

Hello, is ❶_____ Blue Restaurant? I need to make a dinner reservation. Can we ❷_____ a table for two for this Friday evening? We'll be coming to your restaurant at 7 o'clock. Oh, you don't? What about 8 o'clock? It's a little bit late, but it's okay with me. By the way, my friend is a vegetarian. Do you have a special menu for vegetarians? That sounds good. Do you ❸_____ credit card? OK. See you on Friday.

안녕하세요, 거기 Blue 레스토랑인가요? 저는 저녁 예약을 해야 하는데요. 금요일 저녁 2명 예약할 수 있나요? 우리는 7시에 갈 거예요. 아, 안 되나요? 8시요? 약간 늦지만 괜찮아요. 그런데 제 친구는 채식주의자예요. 채식주의자를 위한 특별메뉴가 있나요? 그거 좋군요. 신용카드도 받나요? 알겠습니다. 금요일에 뵙죠.

2. 시설 문의

MP3 12-03

Hi, could you help me, please? I'd like to book a table for ten for this Saturday at noon. Is ❶_____ a large hall available? Great, then we'll have our grandmother's birthday party there. I heard you serve a full course lunch. ❷_____ you send the menu by e-mail? Oh, thank you so much. Would it ❸_____ possible to use the microphone and computer in the hall? Sounds good. One more thing, do you have a shuttle service to and from the subway station? Oh, perfect! Thank you for your help. Bye.

안녕하세요. 좀 도와주시겠어요? 저는 이번 주 토요일 정오에 10명 자리를 예약하고 싶어요. 커다란 홀이 남아있나요? 다행이네요. 저희는 할머니 생신 파티를 할 거예요. 코스 메뉴가 있다고 들었어요. 메뉴를 이메일로 받아볼 수 있을까요? 오, 감사해요. 그 홀에서 마이크랑 컴퓨터를 사용할 수 있을까요? 잘됐네요. 한 가지 더요. 지하철역과 식당을 왔다 갔다하는 셔틀이 있나요? 오, 완벽하네요! 감사합니다.

영어로 인터뷰를 한다고 상상해봅시다. 다음 질문에 영어로 대답하고 여러분의 휴대폰에 녹음해 보세요. (3~4문장 정도 얘기합니다.)

You're going to book a table for a special occasion with your family. Please call the restaurant and ask three or four questions about it.

당신은 가족과 특별한 날을 위해 식사를 예약할 겁니다. 레스토랑에 전화해서 예약에 관해 3~4가지 질문을 해보세요.

■ Your Answer

Self checkist ☑ 녹음 후 아래 내용이 포함됐는지 확인해봅니다.

1. 의문문을 알맞게 사용했습니까? ☐

2. 이번 Chapter에서 배운 새로운 단어를 사용했습니까? ☐

3. 3문장 이상 이야기했습니까? ☐

Role-play 롤플레이
(Suggestion)
(제안)

롤플레이의 세 번째 유형은 주어진 문제 상황을 바탕으로 해결방안을 제시하는 문제입니다. 문제 상황은 간단하게 주므로 그 상황에 대해 여러분의 상상력을 보태 실제 일어난 문제 상황처럼 설명해야 합니다.

어휘 쌓기

Role-play와 관련된 어휘들을 얼마나 알고 있는지 확인해봅니다.

1. 다음 중 그 의미를 알고 있는 단어에 ◯표 하세요.

on time	party	or	voucher
free meal	offer	make up for	

2. 우리말에 해당하는 영어 단어가 바로 떠오르면 ◯표 하세요.

제 시간에	일행	그렇지 않으면	쿠폰
무료 식사	제공하다	~을 보상하다	

3. 다음 단어를 이용하여 빈칸을 채우세요.

cost	make it	went	reach	make

① How much does the full course _____? 정식 메뉴 가격은 얼마인가요?

② I guess something _____ wrong. 저는 뭔가 잘못되었다고 생각해요.

③ I was wondering if she could _____ on time.
그녀가 제 시간에 도착할 수 있을지 궁금합니다.

④ Can you tell me a number where I can _____ you?
당신에게 연락할 수 있는 번호를 가르쳐주시겠어요?

⑤ How did you _____ such a mistake? 어떻게 그런 실수를 했죠?

다음 인터뷰 내용을 읽고 오픽 문제 유형을 확인해봅니다. ⓜMP3 13-01

Interviewer There's a problem you have to resolve. You are in front of a restaurant where you have made a reservation. But they are telling you that your name is not on the list. Please explain the situation and provide two alternatives.

Interviewee Good evening. I have a reservation under the name of Lee. What do you mean? My name is not on the list? It must be! I called and made a reservation yesterday evening. I think there must be something wrong. Could you double-check it for me? If it's not there, could you give us another table? You mean we have to wait for another table? How long do we have to wait? OK, we'll wait. By the way, I believe this to be your fault, so is there a chance of getting a free meal or some discount? Good.

면접관 당신이 해결해야 하는 문제가 있습니다. 당신은 전에 예약한 레스토랑 앞에 서 있습니다. 그러나 식당에서 당신의 이름이 명단에 없다고 말합니다. 상황을 설명하고 해결하기 위한 두 가지 대안을 제시해주세요.

면접자 안녕하세요. 저는 Lee라는 이름으로 예약을 했습니다. 무슨 뜻이죠? 제 이름이 없다고요? 분명 있을 텐데요! 저는 어제 저녁 전화를 해서 예약을 했어요. 뭔가 잘못된 게 있다고 생각해요. 다시 한 번 확인해주실 수 있습니까? 아니면 우리에게 다른 자리를 주는 게 어떤가요? 우리가 다른 자리를 위해 기다려야 된다는 말이죠? 얼마나 기다려야 하죠? 좋아요, 기다리겠습니다. 어찌됐든 이건 당신 잘못이에요, 그러니까 우리에게 무료 식사나 할인을 해주는 게 어때요? 좋아요.

어휘 under the name of ~라는 이름으로　　on the list 명단에　　make a reservation 예약하다
double-check 다시 한 번 확인하다　　fault 잘못　　discount 할인

---

1. 위 지문에서 노란색으로 표시된 부분을 살펴보고 순서대로 의미군을 적어보세요.

> e.g. **What do you mean?** 무엇을 / 당신은 / 의미합니까?

영어식 사고 훈련이므로 반드시 해봅니다.

① Could you double-check it for me? → _____

② Could you give us another table? → _____

③ How long do we have to wait? → _____

2. 예약과 관련해서 어떤 질문을 할지 생각해봅니다.

① 문제 상황 설명 :

② 대안 제시 :

1. 다음 우리말 문장을 영어로 바르게 바꾼 것을 고르세요.

① 그녀는 어디에 있나요?

    a . Where did she?   b. Where is she?

② 누가 예약을 했나요?

    a. Who made the reservation?   b. Who did you make a reservation for?

③ 언제 방문하실 건가요?

    a. When will you be visiting?   b. When you'll be visiting?

④ 그 일에 대해 누구에게 이야기했나요?

    a. Who did you talk to about it?   b. Who talked to you about it?

■ 위 문제에서 공통점이라 생각되는 부분 메모하기

자세한 설명은 **문법 익히기** 2. 의문대명사 vs. 의문형용사 vs. 의문부사 부분을 확인하세요.

2. 빈칸에 알맞은 단어를 〈보기〉에서 찾아 넣으세요.

> 보기   soon   many   long   tall

① A: How _____ is he?

   B: Five foot nine.

② A: How _____ do we have to wait?

   B: About twenty minutes.

③ A: How _____ people are there?

   B: I guess there are about ten people.

④ A: How _____ can you come here?

   B: In five minutes.

■ 위 문제에서 공통점이라 생각되는 부분 메모하기

자세한 설명은 **문법 익히기** 2. 의문대명사 vs. 의문형용사 vs. 의문부사 부분을 확인하세요.

3. 다음 중 주어진 상황에서 쓰기에 더 적합한 말을 고르세요.

① 아주 가까운 친구에게

      a. Can you tell me where the restaurant is?

      b. Where's the restaurant?

② 레스토랑에서 처음 본 손님에게

      a. Could you tell me what time your friend is coming?

      b. What time is your friend coming?

③ 비즈니스 파트너에게

      a. I was wondering if you could join us for dinner.

      b. Will you join us for dinner?

④ 동생에게

      a. Would you mind telling me where you parked the car?

      b. Where did you park the car?

  ■ 위 문제에서 공통점이라 생각되는 부분 메모하기

자세한 설명은 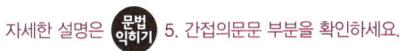 5. 간접의문문 부분을 확인하세요.

4. 밑줄 친 what이 무슨 의미로 쓰였는지 쓰세요.

① <u>What</u> kind of dessert would you like?

② I can't remember <u>what</u> they said.

③ This is not <u>what</u> I ordered.

④ <u>What</u> should I do?

  ■ 위 문제에서 공통점이라 생각되는 부분 메모하기

자세한 설명은 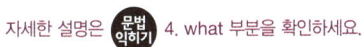 4. what 부분을 확인하세요.

1. wh- 의문문 형태

wh- 의문문은 who, when, where, what, how, why의 여섯 개 의문사를 이용한 의문문입니다. 이 의문사들은 be동사 의문문, 일반동사 의문문, 조동사 의문문과 모두 함께 쓰이며 의문사의 위치는 문장의 맨 앞에 위치합니다.

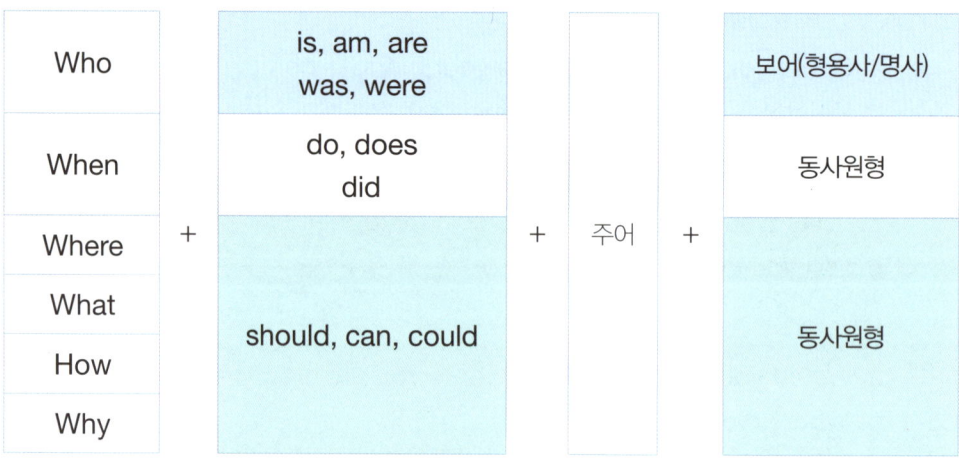

Who			보어(형용사/명사)
When	is, am, are was, were		동사원형
Where	do, does did	+ 주어 +	
What			
How	should, can, could		동사원형
Why			

2. 의문대명사 vs. 의문형용사 vs. 의문부사

의문사는 어떤 역할을 하느냐에 따라 **의문대명사**, **의문형용사**, **의문부사**로 나뉩니다. 여기서 '의문'은 의문사임을 의미하며 뒤에 따르는 '대명사, 형용사, 부사'는 문장에서 의문사가 맡은 역할을 의미합니다. 의문대명사는 문장의 주어 역할을 할 수 있기 때문에 바로 뒤에 동사가 나올 수 있습니다. 의문형용사는 명사를 꾸미는 형용사 역할을 합니다. 그래서 뒤에 명사가 따라 올 수 있습니다. 의문부사의 경우 형용사와 부사를 모두 꾸며주는 부사 역할을 할 수 있습니다.

의문대명사 (주어 자리에 옴)	who, what	Who made a reservation? What went wrong?
의문형용사 (의문사 + 명사)	what, whose, which	What books do you like? Whose book is on the table? Which book is yours?
의문부사 (의문사 + 형용사/부사)	how	How tall is he? How long do we have to wait? How many people are there? How soon can you come here?

3. who/whose/whom

의문사 중에 who/whose/whom은 '사람'에 관한 정보를 나타냅니다. Who는 주격이며 whose는 소유격으로 쓰여 뒤에 항상 명사가 따라옵니다. whom은 목적격입니다. 그런데 일반 회화에서는 목적격인 whom 대신 who를 씁니다. Whom은 보통 격식을 차린 자리에서 사용합니다.

> e.g. <u>Who</u>(m) did you talk **to** about it? 그것에 관해 누구에게 이야기했나요?
> (여기서 to의 목적어가 필요하기 때문에 whom이 되어야 합니다.)

4. what

what은 '무엇'이라는 뜻의 의문사입니다. 그 외에 '~것'이라는 의미로도 자주 쓰입니다. 이때는 주로 [주어+동사]가 뒤따르는 형태로 나옵니다.

> e.g. I don't remember <u>what</u> they said. 저는 그들이 말한 것이 기억이 안 나요.
> ~것

> This is not <u>what</u> I ordered. 이건 제가 주문한 게 아닙니다.
> ~하는 것

5. 간접의문문

앞서 의문문의 경우에는 의문사가 문장의 맨 앞에 온다고 했습니다. 직접적으로 묻기 보다는 좀 더 정중하고 부드럽게 질문할 때는 간접의문문을 사용합니다. 간접의문문에서는 의문사가 있는 문장이 목적어 또는 주어 자리로 이동해 목적어 또는 주어 역할을 합니다. 이때 주의할 점은 간접의문문은 의문사 뒤에 주어, 동사가 평서문 형태여야 한다는 것입니다.

Could you tell me Can you tell me Do you know I was wondering	+	wh-의문사	+	주어	+	동사

1. 빈칸에 who, whose, who(m)중 알맞은 것을 넣으세요.

① _____ are you going to invite?

② _____ took my reservation yesterday?

③ _____ may I be speaking to?

④ _____ car is that in the corner?

2. 다음 직접의문문을 간접의문문으로 바꾸세요.

① What time will you come? → Could you tell me _____?

② How much is it? → Do you know _____?

③ Where is the restroom? → Can you tell me _____?

④ What should I do? → Could you tell me _____?

3. 주어진 답이 나올 수 있도록 괄호 안의 단어를 활용해서 질문을 만드세요.

① (cost) _____

→ Twenty dollars per person.

② (reach) _____

→ You can reach me at 010-323-8989.

③ (many, party) _____

→ There will be six of us.

④ (boil, ramen) _____

→ It takes about 5 minutes.

앞에서 배운 문법 구조를 가진 다양한 표현들을 배워봅니다.

---

1. **How come 주어 + 동사 ~?** 어떻게(왜) ~?

▶ 어떤 일에 대해서 왜 그런 일이 발생했는지 이해할 수 없을 때 쓰는 말입니다. How come 뒤에는 [주어+동사] 형태가 옵니다.

How come you are so late? You left home early.

어떻게 그렇게 늦을 수 있죠? 당신은 일찍 집을 떠났잖아요.

How come you made such a mistake? 어떻게 그런 실수를 할 수 있는 거죠?

How come it's taking so long? 어떻게 그렇게 오래 걸리는 거죠?

---

2. **의문사 + do you think + 주어 + 동사 ~?** ~라고 생각합니까?

▶ 간접의문문의 의문사는 원래 동사 뒤에 오지만 think, guess, imagine, suppose, believe와 같은 동사가 쓰이면 의문사가 문장 앞으로 이동합니다.

What **do you think** the reason is? 이유가 무엇이라고 생각하나요?

Why **do you think** people complain about the service?

왜 사람들이 서비스에 대해 불평한다고 생각하나요?

Where **do you think** it went wrong? 어디가 잘못되었다고 생각하나요?

---

3. **What if 주어 + 동사 ?** 만약 ~라면 어쩌죠?

▶ what if는 what would happen if~의 준말이며 만일의 상황을 가정해서 이야기할 때 씁니다.

What if they say "No"? 그들이 아니라고 하면 어쩌죠?

What if nothing happens? 아무 일도 일어나지 않으면 어떡하죠?

What if we don't make it on time? 우리가 제 시간에 도착하지 못하면 어떡하죠?

지금까지 학습한 내용을 토대로 작성된 다른 답안을 확인해봅니다.

There's a problem you have to resolve. You are in front of a restaurant where you have made a reservation. But they are telling you that your name is not on the list. Please explain the situation and provide two alternatives.

당신이 해결해야 하는 문제가 있습니다. 당신은 전에 예약했던 레스토랑 앞에 서 있습니다. 그러나 그들은 당신의 이름이 명단에 없다고 말합니다. 상황을 설명하고 해결하기 위한 두 가지 대안을 제안해주세요.

다음 빈칸에 알맞은 단어를 넣어 답변을 완성하세요.

1. VIP 라운지 요구

MP3 13-02

Good evening. I've reserved a table. My name is Yuna, Jeon. I'm sorry, but did you say you don't have my name on the list? How ❶_____ it's not there? Look at my phone, and I called here and talked to the booking clerk. It's my first wedding anniversary today. Where do you ❷_____ it went wrong? Then how ❸_____ checking if there are any other tables available? Or, would it be possible to use your VIP lounge instead? That's good. I'll accept your offer.

안녕하세요. 예약했는데요. 제 이름은 전유나입니다. 실례지만 제 이름이 명단에 없다고 말씀하신 건가요? 어떻게 그런 일이 있을 수 있죠? 제 휴대전화를 보세요. 여기에 전화해서 예약 담당 직원과 이야기를 했어요. 오늘은 제 첫 번째 결혼기념일이라고요. 어디에서 잘못됐다고 생각하나요? 그렇다면 다른 자리가 있는지 확인해주는 건 어떠세요? 아니면 대신 VIP라운지를 이용할 수 있나요? 좋아요. 그 제안을 받아들이죠.

2. 할인권 or 무료 음료 요구

MP3 13-03

Good afternoon. I've made a reservation for a table of five. No way! You might have spelled my name wrong. Can you check it again for me? It's definitely not there? What ❶_____ phone numbers? I left my phone number, 010-5656-4532. No number? Then what ❷_____ I do? Anyway, do you mean I have to wait? How long do you think it ❸_____? I think you need to make up for this. I'd like you to give me some discount on my meal. If you can't, then how about some free drinks?

안녕하세요. 저는 5명 자리를 예약했어요. 말도 안 돼요! 제 이름의 철자가 틀렸을지도 몰라요. 다시 한 번 확인해주시겠어요? 틀리지 않았다고요? 전화번호는요? 저는 제 전화번호를 남겼어요. 010-5656-4532요. 번호가 없어요? 그렇다면 제가 어떻게 해야 하죠? 그 말은 제가 기다려야만 한다는 거죠? 시간이 얼마나 걸릴 것 같나요? 이 일에 대해 보상을 하셔야 한다고 생각하는데요. 식사 값 할인을 받고 싶어요. 만약 안 된다면 음료라도 무료로 제공해야 하는 것 아닌가요?

OPIc 실전 연습

영어로 인터뷰를 한다고 상상해봅시다. 다음 질문에 영어로 대답하고 여러분의 휴대폰에 녹음해 보세요. (3~4문장 정도 얘기합니다.)

There's a problem you have to resolve. You are in front of a restaurant where you have made a reservation. But they are telling you that your name is not on the list. Please explain the situation and provide two alternatives.

당신이 해결해야 하는 문제가 있습니다. 당신은 전에 예약했던 레스토랑 앞에 서 있습니다. 그러나 그들은 당신의 이름이 목록에 없다고 말합니다. 상황을 설명하고 해결하기 위한 두 가지 대안을 제안해주세요.

■ Your Answer

Self checkist ☑ 녹음 후 아래 내용이 포함됐는지 확인해봅니다.

1. 의문문을 알맞게 사용했습니까? ☐
2. 이번 Chapter에서 배운 새로운 단어를 사용했습니까? ☐
3. 3문장 이상 이야기했습니까? ☐

Movies 영화

OPIc Background Survey에서 응시자들이 가장 많이 선택하는 주제가 영화 관람입니다. 영화 관람을 선택할 경우 자주 출제되는 문제 유형은 영화관에서 가장 기억에 남는 일을 설명하는 것으로 OPIc 시험의 대표적인 유형 중 하나입니다. 자세한 설명을 위해서는 내용이 더욱 풍성해지도록 꾸며주는 수식어구들과 구체적인 상황 묘사가 필요합니다. 문장을 더 풍성하게 하기 위해 두 개 이상의 단어로 만들어진 명사구에 대해 알아보겠습니다.

어휘 쌓기

영화관 경험과 관련된 어휘들을 얼마나 알고 있는지 확인해봅니다.

1. 다음 중 그 의미를 알고 있는 단어에 ◯표 하세요.

attic	tearjerker	sad ending	soon after
feel pain	admission fee	early morning	vending machine

2. 우리말에 해당하는 영어 단어가 바로 떠오르면 ◯표 하세요.

다락방	눈물 나게 하는 영화	슬픈 결말	～이내, 곧
통증을 느끼다	입장료	이른 아침	자판기

3. 다음 단어를 이용하여 빈칸을 채우세요.

forget	ran	stand	went	goes

① Her mind _____ blank. 그녀는 아무 생각도 들지 않았습니다.

② They _____ out of the building. 그들은 건물에서 뛰어나왔습니다.

③ I can't _____ the noise any longer. 저는 그 소음을 더 이상 참을 수 없습니다.

④ As time _____ by, the accident will be forgotten.
시간이 지나면서 그 사건은 잊혀질 것입니다.

⑤ I'll never _____ the day. 저는 그날을 결코 잊을 수 없습니다.

Interviewer Please describe one of the most memorable experiences you've had in a movie theater. What happened there?

Interviewee Last month, <mark>I went to a movie theater with my parents and daughter. It was Parents' Day. The movie theater was very crowded with many families.</mark> My four-year-old daughter was jumping up and down with excitement, and I was busy taking care of this and that. All of a sudden, my daughter was nowhere to be seen. My parents and I were shocked. We began looking for her at once. We looked for her for a couple of hours, but couldn't find her. Fortunately, <mark>a young couple took my daughter to the police station,</mark> and the police called us to come and get her.

면접관 당신이 영화관에 갔던 경험 중 가장 기억에 남는 경험을 묘사하세요. 그곳에서 무슨 일이 있었나요?

면접자 지난달 저는 부모님 그리고 제 딸과 함께 영화관에 갔습니다. 그날은 어버이날이었습니다. 영화관은 많은 가족들로 붐볐습니다. 제 4살 난 딸은 흥분해서 뛰어다녔습니다. 저는 그때 이것저것 신경 쓰느라 바빴습니다. 갑자기 제 딸이 어디에도 보이지 않았습니다. 부모님과 저는 놀라서 즉시 딸을 찾기 시작했습니다. 몇 시간 동안 딸을 찾아 다녔지만 찾을 수가 없었습니다. 다행히 어떤 젊은 부부가 제 딸을 경찰서에 데려다 주었고, 경찰서에서는 아이를 데려가라고 저희에게 연락을 했습니다.

어휘 crowded 복잡한, 붐비는   jump up and down 위아래로 뛰다   with excitement 흥분해서
take care of ~을 돌보다   look for ~을 찾다   at once 즉시

---

1. 위 지문에서 노란색으로 표시된 부분을 살펴보고 순서대로 의미군을 적어보세요.

> e.g. I went to a movie theater with my parents and daughter.
> 저는 / 갔습니다 / 영화관에 / 부모님과 딸 아이와 함께

영어식 사고 훈련이므로 반드시 해봅니다.

① It was parents' day. → _____

② The movie theater was very crowded with many families.

→ _____

③ A young couple took my daughter to the police station.

→ _____

2. 다음 질문에 대해 '나'와 관련된 내용을 간단하게 적으세요.

① 사건의 배경 설명(언제, 어디서) :

② 특별한 사건 설명(무엇을, 어떻게, 왜) :

1. 각 문장에서 주어와 목적어에 해당하는 단어를 모두 찾으세요.

e.g. I lost my movie ticket.
　　주어　　　　　　목적어

① We bought another ticket.

② They saw a man standing behind him.

③ The children were playing a game in the arcade.

④ The woman in the snack bar was holding a receipt.

■ 위 문제에서 공통점이라 생각되는 부분 메모하기

자세한 설명은 **문법 익히기** 2. 명사구 부분을 확인하세요.

2. 다음 네모 속의 명사 를 꾸며주는 단어들을 찾아 밑줄을 치세요.

e.g. Look at the beautiful girl.

① My four-year-old nephew goes to a childcare center.

② A young couple took my daughter to the police.

③ It was Parents' Day.

④ All the people were incredibly nice.

■ 위 문제에서 공통점이라 생각되는 부분 메모하기

자세한 설명은 **문법 익히기** 3. 명사 수식어 - 전치 수식 부분을 확인하세요.

3. 주어진 우리말을 영어로 바르게 옮긴 것을 고르세요.

① 줄이 길다.

a. The line is long.　　　　　　b. the long line

② 실종된 아이

a. The child was missing.　　　　b. the missing child

③ 그 건물은 오래 됐다.

a. The building was old.　　　　　b. the old building

④ 아름다운 꽃들

a. The flowers are beautiful.　　　b. the beautiful flowers

　▪ 위 문제에서 공통점이라 생각되는 부분 메모하기

자세한 설명은  1. 구(phrase) vs. 절(clause) 부분을 확인하세요.

4. 밑줄 친 부분이 문장에서 어떤 역할(주어, 목적어, 보어)을 하는지 쓰세요.

> e.g. We went to <u>an international film festival</u>.
> 전치사 to의 목적어

① I like <u>movies based on true stories</u>.

② He's <u>the guy in the blue shirt</u>.

③ <u>Her sweet voice</u> broke the silence.

④ <u>Many people at the movie theater</u> were crying.

　▪ 위 문제에서 공통점이라 생각되는 부분 메모하기

자세한 설명은 문법 익히기 3. 명사 수식어 - 전치 수식 부분과 5. 명사 수식어 - 후치 수식 부분을 확인하세요.

1. 구(phrase) vs. 절(clause)

영어에서 '구'란 두 개 이상의 단어로 이루어진 형태를 말하며, 구 안에는 시제나 인칭을 나타내는 동사가 없습니다. 반면 '절'은 역시 두 개 이상의 단어로 만들어지고, 절 안에는 시제나 인칭을 나타내는 동사가 있습니다. 하지만 절은 단독으로 쓸 수 없기 때문에 완벽한 문장이라고 할 수 없습니다.

구(phrase)	시제, 인칭을 나타내는 동사가 없음	e.g. the missing child, the beautiful flowers
절(clause)	시제, 인칭을 나타내는 동사가 있음	e.g. whether she comes, before I went there

2. 명사구

명사구는 두 개 이상의 단어들이 모여 명사 역할을 하는 것입니다. 명사 역할이라 하면 주어, 목적어, 보어 자리에 와서 문장을 구성하는 것을 의미합니다. 명사구는 단어 하나인 명사보다 좀 더 구체적인 정보를 제공할 수 있습니다. 예를 들어 people은 명사이고 어떤 사람을 의미하는지 알 수 없지만 people at the movie theater라고 한다면 극장 안에 있는 사람들이라는 추가 정보를 더 줄 수 있습니다.

〈명사구가 들어갈 수 있는 자리〉

주어 자리	[Many people at the movie theater] were crying. 명사구
목적어 자리	[I like movies based on true stories]. 명사구
보어 자리	[He's the guy in the blue shirt]. 명사구

3. 명사 수식어 - 전치 수식

명사를 수식하는 방법은 크게 두 가지가 있습니다. 첫 번째는 수식어구가 명사 앞에 오는 것이고, 두 번째는 수식어구가 명사 뒤에 오는 것입니다. 명사 앞에서 명사를 꾸며줄 수 있는 것들에는 양화사, 한정사, 그리고 형용사가 있습니다. 양화사는 양을 나타내는 단어들을 의미합니다. 한정사는 우리가 가장 많이 알고 있는 관사(a/an, the)와 소유격을 말합니다. 그리고 명사를 꾸며주는 대표적인 역할을 하는 형용사가 있습니다. 이 수식어들은 모두 명사 앞에 위치합니다.

〈명사 앞에 올 수 있는 수식어구〉

양화사	한정사	형용사
a lot of, lots of, many, all, etc	a/an, the, 소유격	beautiful, sweet, kind, etc

4. 전치 수식어구 순서

전치 수식어구 종류 3개가 동시에 명사를 꾸미는 경우 순서는 다음과 같습니다.

한정사 + 명사	a girl, the movie theater, my parents
한정사 + 형용사 + 명사	her sweet voice, an outstanding performance
양화사 + 명사	lots of people, many movies
양화사 + 한정사 + 명사	all the people
양화사 + 한정사 + 형용사 + 명사	both of her younger children

5. 명사 수식어 - 후치 수식

위와 같이 명사를 앞에서 꾸며주는 수식어는 상대적으로 짧은 단어들이 왔을 때 가능합니다. 하지만 더 복잡한 수식어가 필요한 경우 이는 명사 뒤에 위치하면서 명사를 꾸며줍니다. 명사 뒤에서 꾸며주는 것들로는 전치사(구), to부정사, 동명사 등이 있습니다.

전치사구	to부정사구	동명사구
a girl in pink	something to eat	people waiting in line

1. 괄호 안의 단어를 바르게 배열하세요.

① (the, traffic, noise, of, the)

  → _____

① (back, the, seats, in)

  → _____

① (story, a, ending, with, sad, a)

  → _____

① (a, attic, princess, in, living, the)

  → _____

2. 빈칸에 들어갈 단어를 〈보기〉에서 찾아 넣으세요.

> 보기   lots of   great   a   talking

① There is _____ woman waiting in line.

② It's a _____ love story.

③ They told _____ fun stories.

④ I remember the man _____ to the manager.

3. 다음 우리말 문장을 영어로 바르게 바꾸세요.

① 우리 옆에 있는 자판기

  → _____

② 극장 앞에 있는 많은 사람들

  → _____

③ 테이블 위에 있던 지갑

  → _____

④ 노란 우산을 가지고 있던 작은 꼬마

  → _____

앞에서 배운 문법 구조를 가진 다양한 표현들을 배워봅니다.

---

1. Something(Nothing) + 형용사 + happens 뭔가 ~ 한 일이 일어났어

▶ 대명사 중 -thing으로 끝나는 단어들은 형용사가 뒤에 나옵니다. happen은 자동사라 뒤에 목적어가 오지 않습니다.

Something bad **happens**. 뭔가 나쁜 일이 생겼어요.

Nothing new **happened**. 새로운 일이 없네요.

Nothing special **happened**. 어떤 특별한 일도 생기지 않았어요.

---

2. person in 색깔 ~색 옷을 입은 사람

▶ 여기서 in은 '뭔가 입고 있는'이라는 의미를 나타냅니다. in 뒤에는 색깔, 옷, 모자 등이 올 수 있습니다.

Look at the **person** all **in white**. 온통 흰색 옷을 입은 저 사람을 보세요.

There are **people in uniform**. 유니폼을 입고 있는 사람들이 있습니다.

A **lady** all **in black** walked slowly toward the door.
온통 검정색 옷을 입은 여자가 천천히 그 문을 향해 걸어갔습니다.

---

3. It's a 숫자-minute + 명사 to 장소 ~까지 ~서 몇 분 거리입니다

▶ 숫자가 복수여도 여기서 minute은 항상 단수 형태로 씁니다. 이는 하나의 새로운 형용사로 보기 때문에 복수형으로 쓰지 않습니다.

It's a five-minute walk to the subway station. 지하철역까지 걸어서 5분 거리입니다.

It's a ten-minute drive to the movie theater. 극장까지 차로 10분 거리입니다.

It's a twenty-minute bus ride to school. 학교까지 버스로 20분 거리입니다.

Q 지금까지 학습한 내용을 토대로 작성된 다른 답안을 확인해봅니다.

Please describe one of the most memorable experiences you've had in a movie theater. What happened there?
당신이 영화관에 갔던 경험 중 가장 기억에 남는 경험을 묘사해주세요. 그곳에서 무슨 일이 있었나요?

다음 빈칸에 알맞은 단어를 넣어 답변을 완성하세요.

1. 몸이 아팠던 상황　　　　　　　　　　　　　　　　　　　MP3 14-02

I can't remember the exact day, but it was sometime last winter. I was going to have a blind date, and I had reserved movie tickets online. We met in front of the movie theater and went to the movies. However, ❶_____ bad happened to me. Soon after the movie started, I began to feel a pain in my stomach. As time went by, the pain got worse and worse. I couldn't stand it any longer, so I stood up and ran ❷_____ of the movie theater. My mind went blank. I'll never forget ❸_____ _____ _____ _____.

정확한 날은 기억할 수 없지만 지난 겨울이었습니다. 저는 소개팅을 하기로 해서 온라인으로 영화표를 예매했습니다. 우리는 극장 앞에서 만나 영화를 보러 갔습니다. 그런데 좋지 않은 일이 생겼습니다. 영화가 시작한 후에 배가 아프기 시작했습니다. 시간이 지나면서 통증은 더욱 심해졌습니다. 저는 더 이상 참을 수 없어 일어나서 극장 바깥으로 뛰어나왔습니다. 아무 생각이 들지 않았습니다. 그때 얼마나 심하게 아픔을 느꼈는지 잊을 수 없습니다.

2. 이상한 사람 목격　　　　　　　　　　　　　　　　　　　MP3 14-03

It was last Saturday. My brother and I were going to watch a movie early in the morning because the tickets are much cheaper then. The movie theater was a ❶_____ bus ride from our apartment. When we got to the movie theater, there were a few people already there: a man ❷_____ _____ in the front and a couple of couples in the back. While we were watching the movie, the man in black started to make a strange noise. After a while, the noise began to annoy the ❸_____ _____ _____ _____. However, there was something distinctly odd about him. Nobody wanted to say anything to him. We weren't able to enjoy the movie at all.

지난주 토요일이었습니다. 제 동생과 저는 가격이 저렴한 조조영화를 보러 갔습니다. 영화관은 저희 아파트에서 버스로 5분 거리에 있었습니다. 우리가 영화관에 도착했을 때는 벌써 사람들이 꽤 있었습니다. 앞쪽에는 검은 옷을 입은 남자가, 뒤쪽에는 커플 몇 명이 있었습니다. 영화를 보는 도중 검은 옷을 입은 남자가 이상한 소음을 내기 시작했습니다. 잠시 후 그 소음은 극장에 있던 사람들을 짜증나게 하기 시작했습니다. 그러나 그에게는 눈에 띄도록 이상한 점이 있었습니다. 어느 누구도 그에게 뭐라고 할 수 없었습니다. 우리는 영화에 전혀 집중할 수 없었습니다.

영어로 인터뷰를 한다고 상상해봅시다. 다음 질문에 영어로 대답하고 여러분의 휴대폰에 녹음해 보세요. (3~4문장 정도 얘기합니다.)

Please describe one of the most memorable experiences you've had in a movie theater. What happened there?

당신이 영화관에 갔던 경험 중 가장 기억에 남는 경험을 묘사해주세요. 그곳에서 무슨 일이 있었나요?

■ Your Answer

Self checkist ☑ 녹음 후 아래 내용이 포함됐는지 확인해봅니다.

1. 명사구를 알맞게 사용해 이야기했습니까? ☐

2. 이번 Chapter에서 배운 새로운 단어를 사용했습니까? ☐

3. 3문장 이상 이야기했습니까? ☐

SNS 소셜 네트워크 서비스

Chapter 15

OPIc Background Survey에서 SNS는 새롭게 추가된 항목 중 하나입니다. 주로 SNS로 무엇을 하는지, SNS와 관련하여 가장 기억에 남는 일이 무엇이 있는지 자세하게 묘사하라는 문제가 출제됩니다. OPIc 시험에서 요구하는 사항은 있었던 일을 가능한 한 자세하게 묘사하거나 설명하는 것입니다. 더 생생한 묘사와 자세한 정보를 줄 수 있도록 전치사구에 대해 알아보겠습니다.

어휘 쌓기

SNS와 관련된 어휘들을 얼마나 알고 있는지 확인해봅니다.

1. 다음 중 그 의미를 알고 있는 단어에 ◯표 하세요.

account	add	chat	Internet access
on the Internet	notification	video call	interests

2. 우리말에 해당하는 영어 단어가 바로 떠오르면 ◯표 하세요.

계정	추가하다	대화하다	인터넷 연결
인터넷에서	알림	화상 통화	관심사

3. 다음 단어를 이용하여 빈칸을 채우세요.

register   create   subscribe   scroll   post

① I can _____ my own blog easily. 저는 쉽게 개인 블로그를 만들 수 있어요.

② People can _____ comments, pictures, or videos on a website.
사람들은 코멘트, 사진 또는 동영상을 웹사이트에 게재할 수 있어요.

③ Please _____ down to the bottom of the page. 페이지 아래 부분까지 스크롤을 해주세요.

④ Please click on this link to _____ to the newsletter.
이 링크를 클릭해서 뉴스레터를 구독해주세요.

⑤ Users should _____ to use the site. 사용자들은 사이트를 이용하기 위해 가입을 해야 합니다.

다음 인터뷰 내용을 읽고 오픽 문제 유형을 확인해봅니다.　　　🔘MP3 15-01

Interviewer What kind of things do you usually use SNS for? How often do you do those things? When do you do those things?

Interviewee I can do a lot of things with SNS. There are a variety of SNS platforms in Korea. Among them all, I mostly use Facebook. I usually use it on the subway while commuting. I read articles on various topics I'm interested in, as well as finding out about new events. Other than posting, I can find and add new friends to my friends list. However, I don't want to spend lots of time on SNS, so I post and share photos or comments on friends' posts only on weekends.

면접관 당신은 주로 SNS에서 무엇을 하나요? 얼마나 자주 그 일을 하나요? 언제 주로 하나요?

면접자 저는 SNS로 많은 것을 할 수 있어요. 한국에는 다양한 SNS가 있어요. 그것들 중 저는 페이스북을 이용해요. 저는 보통 출퇴근 길에 지하철에서 페이스북을 해요. 그 시간에 저는 새로운 소식을 확인할뿐만 아니라, 제가 흥미를 가지고 있는 여러가지 주제에 관한 기사를 읽어요. 글을 게재하는 것 이외에 제 친구 목록에 새로운 친구를 찾아서 추가할 수 있어요. 그렇지만 저는 SNS에 많은 시간을 쓰는 걸 원하지 않아요. 그래서 저는 오직 주말에만 글을 게재하고 사진이나 다른 사람의 코멘트를 공유해요.

어휘 a variety of 다양한, 많은　　mostly 대체로, 주로　　commute 출퇴근하다
　　　various 다양한　　　　　　as well as ~도 역시　　other than ~이외에

---

1. 위 지문에서 노란색으로 표시된 부분을 살펴보고 순서대로 의미군을 적어보세요.

> e.g. I can do a lot of things with SNS.　나는 / 할 수 있다 / 많은 것들을 / SNS로

① There are a variety of SNS platforms in Korea.

→ _____

② I usually use it on the subway while commuting.

→ _____

③ I read articles on various topics I'm interested in.

→ _____

영어식 사고
훈련이므로
반드시
해봅니다.

2. 다음 질문에 대해 '나'와 관련된 내용을 간단하게 적으세요.

① 어떤 SNS를 사용하는지 :

② SNS로 어떤 일을 하는지 :

③ 얼마나 자주, 언제 이용하는지 :

1. 각 문장에서 명사구를 모두 찾아 묶으세요.

> e.g. I can do (a lot of things) with SNS.

① People can find out about new events every morning.

② I can add new friends to my friends list.

③ The messages were from people from work.

④ All the SNS platforms enable users to share their photos and videos with their friends.

> ■ 위 문제에서 공통점이라 생각되는 부분 메모하기

자세한 설명은 **문법 익히기** 2. 전치사구 부분을 확인하세요.

2. 밑줄 친 표현이 꾸며주는 것을 찾으세요.

> e.g. I read (articles) on various topics.

① I saw a boy with white hair.

② She opened the lid of the box.

③ No one uses the desk in the corner.

④ We asked some questions about how to use it.

> ■ 위 문제에서 공통점이라 생각되는 부분 메모하기

자세한 설명은 **문법 익히기** 3. 형용사 역할 부분을 확인하세요.

3. 밑줄 친 표현이 시간, 장소, 방법 중 무엇에 관한 것인지 쓰세요.

> e.g. People live all <u>over the world</u>.
> 장소

① I usually use it <u>on the subway</u> while commuting.

② Many people can exchange instant messages <u>with their SNS</u>.

③ Some teenagers can't stop using their phones even <u>for a second</u>.

④ I found an interesting picture <u>in the newsletter</u>.

■ 위 문제에서 공통점이라 생각되는 부분 메모하기

자세한 설명은  4. 부사 역할 부분을 확인하세요.

4. 다음 중 빈칸에 들어갈 알맞은 것을 고르세요.

① The outdoor activity has been canceled because of _____.
   a. rain   b. it's raining

② I have to hurry up because _____.
   a. I have no time   b. no time

③ Despite _____, I always check for Facebook updates.
   a. my hectic schedule   b. I am too busy

④ I'm still getting notifications even though _____.
   a. setting them off   b. I've set them to "off"

■ 위 문제에서 공통점이라 생각되는 부분 메모하기

자세한 설명은 문법익히기 5. 전치사 vs. 접속사 부분을 확인하세요.

1. 전치사

영어에서 전치사는 장소, 위치, 시간 또는 방법을 나타내기 위해 명사나 대명사 앞에 쓰이는 기능어입니다. 영어에서 목적어를 필요로 하는 것이 타동사와 전치사입니다. 목적어가 될 수 있는 것은 명사이므로 전치사 뒤에 올 수 있는 단어 역시 (대)명사가 되어야 합니다. 전치사는 한 단어로 이루어진 것도 있고 두 단어 이상으로 이루어진 것들도 있습니다.

〈한 단어로 이루어진 단어들〉

on	about	behind	despite
in	with	between	during
at	as	by	for

한 단어로 이루어진 전치사들은 기본적인 의미가 매우 다양합니다. 한 가지 뜻으로만 고정되게 기억하면 말할 때 쉽게 떠오르지 않습니다. 그렇기 때문에 기본 전치사는 다양한 문장에서 그 의미를 파악하는 것이 좋습니다.

〈두 단어 이상으로 이루어진 단어들〉

according to ~에 따라	because of ~때문에	in spite of ~에도 불구하고	prior to ~전에
as well as ~도 역시	other than ~이외에	along with ~와 함께	next to ~옆에

2. 전치사구

전치사구는 전치사로 시작하면서 명사 또는 명사구가 뒤따르는 형태를 의미합니다. 구(phrase)는 앞에서도 배웠듯이 동사의 시제나 인칭이 없는 두 단어 이상의 조합을 의미합니다. 앞서 배운 대로 전치사 뒤에는 명사만 올 수 있고 부사는 올 수 없습니다. 예를 들어 home은 명사, 부사 모두 쓸 수 있지만 주로 전치사 없이 부사 형태로 홀로 쓰입니다.

e.g. I got <u>home</u> <u>late</u>. home과 late은 부사이므로 전치사 없이 씁니다.

이런 전치사구는 문장에서 형용사와 부사 역할을 합니다. 그렇다면 전치사구를 쓰는 이유는 무엇일까요? 영어에서는 최대한 간결하게 말하는 것을 선호합니다. 그래서 문장을 늘려 말하기 보다 전치사구와 같은 구 형태로 줄여서 이야기하는 경우가 많습니다.

3. 형용사 역할

전치사구가 형용사 역할을 한다는 것은 명사/대명사를 꾸며준다는 것입니다. 전치사구는 길이가 길어질 수 있기 때문에 주로 명사/대명사 뒤에 위치합니다. 앞서 전치사구가 문장을 더 간결하게 한다고 했는데 아래 예문을 보겠습니다. 명사 뒤에서 전치사구가 명사를 꾸며주고 있으며, 문장 형태가 아닌 구 형태로 훨씬 간결하게 표현됩니다.

e.g. **articles** about various topics   (about ~에 관해, 관한)

     the boy with white hair   (with ~을 가진)

     lid of the box   (of ~의)

     staff in the corner   (in ~에 있는)

4. 부사 역할

전치사구는 문장에서 부사 역할로 쓰이는 경우가 많습니다. 부사란 장소(위치), 방법, 시간 등 더 자세한 정보를 주기 위한 것들입니다. 자세한 정보를 주면 줄수록 한 문장에 나올 수 있는 부사는 많아집니다. 한꺼번에 여러 부사가 나올 경우 장소→방법→시간 순으로 이야기합니다. 전치사구가 형용사 역할을 할 때는 전치사 앞에 명사가 항상 있지만 부사 역할을 할 경우에는 명사가 반드시 전치사 앞에 오는 것은 아닙니다.

e.g. I usually use my smartphone on the subway while commuting.
     (장소를 나타냄)   명사를 수식하지 않음

     Many people can exchange instant messages with their SNS.
     (방법을 나타냄)   명사를 수식하지 않음

5. 전치사 vs. 접속사

전치사 중 before, after, for 등은 접속사로도 쓰입니다. 여기서 말하는 접속사는 뒤에서 자세하게 배우겠지만 간단하게 설명하면 절(clause-동사의 시제나 인칭이 있는 경우) 앞에 올 수 있습니다. 그래서 before, after, for는 뒤에 명사가 올 수도 있고 문장이 올 수도 있습니다. 주의할 전치사는 의미는 같지만 품사가 다른 것들입니다. because of는 '~때문에'라는 뜻의 전치사이고 because는 '~때문에'라는 뜻의 접속사이므로 because of 뒤에는 명사가, because 뒤에는 문장이 나와야 합니다.

e.g. Despite(In spite of) my hectic schedule, I always check for Facebook updates.
     전치사   명사구

     I'm still getting the notifications even though(although, though) I've set them to
     "off".   접속사   문장

1. 괄호 안의 전치사 중 알맞은 것을 고르세요.

① I don't usually use SNS (for, during) the day.

② We'll be away (by, until) Friday.

③ I'll upload a podcast (in, at) the end of October.

④ They have a meeting (on, in) Thursdays.

2. 다음 중 틀린 곳을 찾아 바르게 고치세요.

① I turn on my tablet when I get at home.

② We should turn off our cell phones for the movie starts.

③ I'm taking a trip on this Friday.

④ I used to drop by the bookstore on the way to home from school.

3. 다음 우리말 문장을 영어로 바르게 바꾸세요.

① 화면 맨 아래에 있는 버튼을 클릭하세요.

→ _____.

② 회사 사람들을 단체 대화방에 초대했습니다.

→ _____.

③ 저는 제 많은 일상 사진들을 올려 친구들과 공유합니다.

→ _____.

④ 인터넷에서는 같은 관심사를 가진 사람들을 찾기가 쉽습니다.

→ _____.

1. **on the whole~** 일반적으로, 대체로~

▶ on the whole은 '일반적으로, 대체로'라는 의미의 관용표현입니다. 전치사구 중에는 이런 관용표현이 많습니다. 쉬운 단어로 이루어졌는데도 이해가 잘 안 되는 표현은 관용표현일 수 있으므로 사전에 표현 전부를 넣어 찾아보는 것이 좋습니다.

On the whole, we're in favor of his ideas. 대체로 우리는 그의 의견에 찬성해요.

On the whole, this app is very popular. 일반적으로 이 애플리케이션은 인기가 많아요.

On the whole, their attempts were successful. 대체로 그들의 시도는 성공했어요.

2. **as for + 명사** (명사)에 관해 말하자면

▶ as for는 어떤 사람이나 사물에 관해 이야기를 꺼낼 때 쓰는 표현으로 about과 같은 의미입니다. 이외에 유사한 의미로 concerning, regarding 등의 전치사가 있습니다.

As for me, I love taking pictures. 저에 대해 말하자면, 저는 사진 찍는 것을 좋아합니다.

As for SNS, I think it's a waste of time.
SNS에 대해 말하자면, 저는 이것이 시간 낭비라고 생각합니다.

As for those apps, they are very useful and convenient.
그 애플리케이션들에 대해 말하자면, 그것들은 매우 유용하고 편리합니다.

3. **with the aim of + 명사** ~할 목적으로

▶ 이 표현 역시 관용표현으로 aim 대신 purpose를 쓸 수 있습니다. 주로 문장 뒤에서 쓰입니다.

Those articles were posted **with the aim of** reaching as many people as possible. 가능한 한 많은 사람이 그 기사를 보게 할 목적으로 게시됐습니다.

I use this app **with the aim of** saving important documents.
저는 이 애플리케이션을 중요한 문서를 저장할 목적으로 사용합니다.

With the aim of protecting my account, I try to change my password on a monthly basis. 제 계정을 보호할 목적으로 저는 매달 비밀번호를 바꿉니다.

모범답안
확인하기

Q

지금까지 학습한 내용을 토대로 작성된 다른 답안을 확인해봅니다.

What kind of things do you usually use SNS for? How often do you do those things? When do you do those things?

당신은 주로 SNS에서 무엇을 하나요? 얼마나 자주 그 일을 하나요? 주로 언제 하나요?

다음 빈칸에 알맞은 단어를 넣어 답변을 완성하세요.

1. 사진 및 일상생활 관련　　　　　　　　　　　　　　　　　🔘 MP3 15-02

I love SNS, so I use all kinds of SNS ❶_____ Korea such as Twitter, Facebook, and KaKaostory. I constantly check for tweets and Facebook updates all day long. ❷_____ _____ _____, my friends have more than one SNS account. So, I'm constantly being updated with new information about my friends. ❸_____ _____ SNS, it helps me keep in touch regularly with my friends. I also post lots of photos of delicious food and beautiful scenery whenever I take pictures of them. I usually take my smartphone to bed and use SNS until late at night.

저는 SNS를 정말 좋아해요. 그래서 트위터, 페이스북, 카카오스토리 등 한국에 모든 종류의 SNS를 사용해요. 저는 하루 종일 끊임없이 트위터와 페이스북의 업데이트를 확인해요. 대체로 제 친구들은 SNS 계정을 하나 이상 가지고 있어요. 그래서 저는 계속해서 친구들의 새로운 소식을 들을 수 있어요. SNS에 관해 말하자면, SNS는 친구들과 꾸준히 연락할 수 있게 도와줘요. 저는 맛있는 음식과 아름다운 풍경 사진들을 많이 찍어서 올려요. 저는 스마트폰을 잠자러 갈 때도 가지고 가서 밤늦게까지 SNS를 해요.

2. 유용한 글 스크랩 관련　　　　　　　　　　　　　　　　　🔘 MP3 15-03

I don't like SNS so much. However, I have a Facebook and Twitter account with the aim ❶_____ _____ in touch with people from school and work. I subscribe to some newsletters and newspapers that I'm interested in. Therefore, I get the news ❷_____ morning and read it on the subway. While reading, whenever I find something interesting, I save and share it ❸_____ Facebook. I think this is the most convenient way to share information.

저는 SNS를 그렇게 많이 좋아하지 않아요. 하지만 저는 학교와 직장 사람들과 계속 연락을 유지할 목적으로 페이스북과 트위터 계정을 가지고 있어요. 저는 몇몇 뉴스레터와 관심 있는 신문을 정기구독하고 있어요. 그래서 저는 매일 아침 지하철에서 신문(뉴스레터)을 읽어요. 읽으면서 흥미로운 것을 찾으면 그것을 페이스북에 저장하고 공유해요. 페이스북은 정보를 공유하는 가장 손쉬운 방법이라고 생각해요.

OPIc
실전 연습

영어로 인터뷰를 한다고 상상해봅시다. 다음 질문에 영어로 대답하고 여러분의 휴대폰에 녹음해 보세요. (3~4문장 정도 얘기합니다.)

What kind of things do you usually use SNS for? How often do you do those things? When do you do those things?

당신은 주로 SNS에서 무엇을 하나요?
얼마나 자주 그 일을 하나요? 주로 언제 하나요?

■ Your Answer

Self checkist ☑ 녹음 후 아래 내용이 포함됐는지 확인해봅니다.

1. 전치사구를 알맞게 사용해 이야기했습니까? ☐

2. 이번 Chapter에서 배운 새로운 단어를 사용했습니까? ☐

3. 3문장 이상 이야기했습니까? ☐

영어는 리듬을 가진 언어입니다. 리듬을 타기 위해서 빠르게 발음하다 보면 축약 현상이 일어납니다. 다음은 몇 가지 축약 현상의 패턴에 관한 것입니다.

TIP#1 의문사와 동사의 축약　　　　　　　　　　　　　　　　　　　　　◎ **MP3 발음 09**

구어에서는 의문사와 뒤따르는 동사가 빨리 발음되면서 축약 현상이 일어납니다. 일반적으로 뒤따르는 be동사 또는 조동사의 앞 부분은 약하게 발음되거나 아예 발음되지 않고 뒷 부분만 살려서 발음됩니다.

am	What'm	had	Where'd, Who'd
is	Where's, Who's	did	What'd, How'd
are	What're, Where're	will	Who'll, Where'll
have	Where've, How've	would	Where'd
has	Where's, What's		

TIP#2 조동사와 have의 축약　　　　　　　　　　　　　　　　　　　　　◎ **MP3 발음 10**

should have done, would have done, could have done과 같이 조동사 뒤에 have가 오는 경우 하나 하나 강세를 두어 전부 발음하지 않고 축약해서 발음합니다. 이때 have에서 ha 발음은 약화되어 [ə]가 됩니다. 그래서 should, would, could 뒤에 나온 [d] 발음은 [ə]와 합쳐져 [də] '더' 발음으로 바뀝니다. have 뒤에 [v] 발음도 매우 약하게 발음합니다.

	축약형	발음
should have	should've	[ʃʊdəv] 슈더브
would have	would've	[wʊdəv] 우더브
could have	could've	[kʊdəv] 쿠더브

조동사가 not과 함께 쓰여 발음될 때는 아래 표와 같이 발음됩니다. 특히 can't의 경우 강하게 '캔'으로 발음하지만 긍정문일 경우 can [kən]은 '큰'으로 발음합니다. 미국식으로 발음하는 경우 마지막에 오는 t 와 v를 거의 발음하지 않는 듯 약하게 소리 납니다. 표 마지막에 있는 ain't는 표준 영어는 아니지만 실제 생활에서 쓰이는 형태로 be동사 부정문과 have의 부정문을 모두 나타냅니다.

	축약형	발음
cannot	can't	[kænt] 캔ㅌ
will not	won't	[woʊnt] 오운ㅌ
have not	haven't	[hævnt] 해븐ㅌ
should not have	shouldn't have	[ʃʊdnəv] 슈드너ㅂ
would not have	wouldn't have	[wʊdnəv] 우드너ㅂ
could not have	couldn't have	[kʊdnəv] 쿠드너ㅂ
is, am, are not have (has) not	ain't	[eɪnt] 에인ㅌ

TIP#4 구어체는 구어체답게! ◉ **MP3 발음 12**

우리말도 그렇지만 구어(spoken)와 문어(written)에서 조금씩 차이가 있습니다. OPIc은 말하기 시험이 므로 좀 더 구어에 가깝게 말하는 것이 중요합니다. 구어에서는 모든 단어를 하나하나 발음하는 것보다 줄여서 말하는 것이 더 자연스럽습니다.

문어(written)	구어(spoken)
I will travel around the world. 저는 전 세계를 여행할 거예요.	I'll travel around the world.
I am going to travel around the world. 저는 전 세계를 여행할 거예요. She is going to invite them to the party. 그녀는 파티에 그들을 초대할 거예요.	I'm gonna travel around the world. She's gonna invite them to the party.
I will not be very long. 오래 걸리지 않을 거예요.	I won't be very long.

Café 카페

Chapter 16

OPIc Background Survey에서 카페 방문은 새로 추가된 항목 중 하나입니다. 자주 출제되는 문제로는 카페에 가서 무슨 일을 하는지, 어떤 카페에 얼마나 자주 가는지에 대한 것이 있습니다. 카페에서 하는 활동을 설명하기 위해 주어, 목적어, 보어 역할을 하는 동명사에 대해 알아보겠습니다.

어휘 쌓기

카페와 관련된 어휘들을 얼마나 알고 있는지 확인해봅니다.

1. 다음 중 그 의미를 알고 있는 단어에 ◯표 하세요.

bakery	whipped cream	take out	extra shot
occupy	coffee cup sleeve	no smoking	

2. 우리말에 해당하는 영어 단어가 바로 떠오르면 ◯표 하세요.

제과류	휘핑 크림	포장하다	샷 추가
자리를 차지하다	커피 컵 홀더	금연석	

3. 다음 단어를 이용하여 빈칸을 채우세요.

causes	ended up	apologized	regret	mind

① Smoking _____ lung cancer. 흡연은 폐암을 유발합니다.

② I _____ what I said. 저는 제 발언을 후회합니다.

③ She _____ doing all the work by herself. 모든 일은 결국 그녀가 다 하게 되었어요.

④ Would you _____ opening the window? 창문을 열어도 괜찮나요?

⑤ They _____ to us for making a noise. 그들은 소란을 피운 것에 대해 우리에게 사과했습니다.

Interviewer You indicated in the survey that you like to go to a café. How often do you go to a café? What do you usually do and why? Who do you go with?

Interviewee I go to a café a couple of times a week by myself. <mark>I really enjoy working there. There are several reasons why I like working there.</mark> First of all, <mark>it is easier for me to focus on reading</mark> when I'm in a café. Unless I go to a café that is near downtown, they're usually quiet. Second, <mark>working in a café is better than in the library.</mark> To work with my laptop in the library, I have to reserve a lab at least two days in advance. It's very inconvenient for me. These are the reasons why I like to go to a café.

면접관 설문조사에서 당신은 카페에 가는 것을 좋아하는 것으로 나타났습니다. 얼마나 자주 카페에 가나요? 주로 무엇을 하나요? 이유는 무엇입니까? 누구와 함께 가나요?

면접자 저는 일주일에 두세 번 카페에 갑니다. 저는 카페에서 일하는 걸 정말 좋아해요. 제가 카페에서 일하는 걸 좋아하는 이유가 몇 가지 있어요. 먼저, 카페에서 책을 읽으면 더 쉽게 집중할 수 있어요. 제가 시내 주변에 있는 카페에 가지 않는 한 보통 카페는 조용합니다. 두 번째로 카페에서 일하는 것은 도서관에서 일하는 것보다 낫습니다. 도서관에서 노트북을 이용하려면 적어도 이틀 전에 멀티미디어실을 예약해야 해요. 그 점은 제게 매우 불편합니다. 바로 이런 점들이 제가 카페에 가는 것을 좋아하는 이유입니다.

어휘 a couple of 두세 번 by oneself 혼자, 직접 focus on ~에 집중하다
lab 멀티미디어실 at least 적어도 in advance 미리, 사전에

---

1. 위 지문에서 노란색으로 표시된 부분을 살펴보고 순서대로 의미군을 적어보세요.

> e.g. I really enjoy working at a café. 저는 / 정말 / 일하는 것을 즐기다 / 카페에서

① There are several reasons why I like working there.

→ _____

② It is easier for me to focus on reading.

→ _____

③ Working at a café is better than in the library.

→ _____

영어식 사고
훈련이므로
반드시
해봅니다.

2. 다음 질문에 대해 '나'와 관련된 내용을 간단하게 적으세요.

① 얼마나 자주 카페에 가는지 :

② 카페에서 무엇을 하는지 :

1. 각 문장에서 주절의 주어, 목적어, 그리고 보어를 찾아 표시하세요.

① I really enjoy working at a café.

② It is easier for me to focus on reading when I'm in a café.

③ Reading in a café is better than in the library.

④ The place seems much more relaxing.

■ 위 문제에서 공통점이라 생각되는 부분 메모하기

자세한 설명은 3. 동명사의 역할 부분을 확인하세요.

2. 각 문장에서 밑줄 친 to가 전치사인 것을 모두 고르세요.

① I'm used <u>to</u> reading books and listening to music at the same time.

② We can't afford <u>to</u> pay for that expensive car.

③ She forgot <u>to</u> bring her book.

④ I'm looking forward <u>to</u> seeing you.

■ 위 문제에서 공통점이라 생각되는 부분 메모하기

자세한 설명은 **문법 익히기** 5. OPIc 시험에 자주 나오는 동명사 표현 부분을 확인하세요.

3. 다음 밑줄 친 부분에 유의해서 문장을 우리말로 해석하세요.

① <u>Drinking</u> too much coffee gives me a headache.

② I watched two women <u>chatting</u> with each other.

③ We just heard the <u>amazing</u> news.

④ I like <u>working</u> in a café.

■ 위 문제에서 공통점이라 생각되는 부분 메모하기

자세한 설명은 [문법 익히기] 3. 동명사의 역할 부분을 확인하세요.

4. 각각의 문장에서 밑줄 친 it이 가리키는 것을 우리말로 쓰세요.

① People can use Wi-Fi for free there. <u>It</u>'s quite convenient.

② There were some children running around the café. <u>It</u> annoyed me.

③ I listen to music. I enjoy <u>it</u>.

④ People should wash their hands before meals. <u>It</u>'s important.

■ 위 문제에서 공통점이라 생각되는 부분 메모하기

자세한 설명은 [문법 익히기] 1. 동명사란? 부분을 확인하세요.

1. 동명사란?

동명사란 동사를 명사화한 것을 의미합니다. 명사로 모든 것을 이야기하기에는 한계가 있기 때문에 좀 더 많은 뜻을 포함시키기 위해 동사를 명사화해서 명사 자리에 오도록 한 것입니다. 또한 짧은 두 문장을 하나의 문장으로 만들 수 있도록 해주기도 합니다.

> e.g. People can use free Wi-Fi there. It's quite convenient.
> → Using free Wi-Fi there is quite convenient.

예문처럼 'Wi-Fi를 쓸 수 있는 것이 편리하다'라는 말을 하려면 주어에 해당하는 명사가 있어야 하는데 마땅한 게 없습니다. 이때 동명사를 이용해서 하나의 문장으로 간결하게 말할 수 있습니다. 이처럼 말하고자 하는 내용이 명사로 없을 때 동명사를 이용합니다. 단, 적합한 명사가 있을 경우엔 굳이 동명사를 사용하지 않습니다.

2. 동명사의 형태와 시제

동명사의 기본형은 동사에 -ing를 붙여 만든 것입니다. 하지만 동명사는 동사의 성격을 지니고 있기 때문에 명사와 달리 시제와 부정형를 가질 수 있습니다. 또, 동명사의 기본형이 타동사인 경우 목적어도 가질 수 있습니다.

주절과의 관계	긍정형	부정형
시제가 동일할 때	동사+-ing	not 동사+-ing
	e.g. I regret saying so. 나는 그렇게 말한 것을 후회한다.	e.g. I regret not saying so. 나는 그렇게 말하지 않은 것을 후회한다.
시제가 다를 때	having p.p	not having p.p.
	e.g. I regret having said so. 나는 그렇게 말했던 것을 후회한다.	e.g. I regret not having said so. 나는 그렇게 말하지 않았던 것을 후회한다.

과거형을 만들 때는 have 동사를 이용하는데, 실질적인 의미는 없고 과거시제를 표시하기 위해 쓰이는 기능어입니다. 그리고 동명사의 부정형은 동명사 바로 앞에 not을 써줍니다.

3. 동명사의 역할

동명사는 앞서 말한 대로 명사 역할을 할 수 있습니다. 즉 명사 자리에 올 수 있는데, 명사는 주어 목적어, 보어 자리에 올 수 있으므로 동명사도 주어, 목적어, 보어 자리에 올 수 있습니다.

〈동명사가 올 수 있는 자리〉

주어	Reading in a café is better than in the library. 카페에서 책을 읽는 것이 도서관에서 읽는 것보다 낫습니다.
목적어	I really enjoy working in a café. 저는 카페에서 일하는 것을 정말 좋아합니다.
보어	The place seems much more relaxing. 그 장소는 훨씬 편해 보입니다.

4. 동명사를 목적어로 취하는 타동사

동명사가 목적어 자리에 올 수 있다고 했지만 모든 동사의 목적어로 오지는 않습니다. 동명사만을 목적어로 취하는 동사들이 있습니다. 그래서 주로 이런 동사를 표로 나열해서 알려주는데 목록만 외워서는 실제 말하기에서 사용하기가 어렵고, [동사+-ing] 형태로 기억하는 게 좋습니다. 예를 들어, enjoy+-ing 이렇게 하나하나 기억해야 자연스럽게 말하기로 이어집니다.

enjoy	-ing	like(love)	-ing	mind	-ing	spend	-ing
consider	-ing	end up	-ing	finish	-ing	keep	-ing
discuss	-ing	avoid	-ing	feel like	-ing	go	-ing

5. OPIc 시험에 자주 나오는 동명사 표현

동명사는 전치사의 목적어로 전치사 뒤에 올 수 있습니다. OPIc에 자주 쓰이는 표현들은 아래와 같습니다. 다만 주의할 점은 회색으로 칠해진 부분의 to는 모두 전치사입니다. 이후에 배울 to부정사의 to와 헷갈려서는 안 됩니다. 구분하는 방법은 to는 전치사이므로 뒤에 명사가 나오지만 to부정사는 뒤에 동사원형이 나온다는 것입니다.

complain about/of	be interested in	be tired of/from	have a reason for
think about/of	take part in	be responsible for	have an excuse for
talk about/of	succeed in	look forward to	in addition to
be excited about	be capable of	object to	be opposed to
be worried about	take care of	be used to	be accustomed to

1. 각 문장에서 틀린 부분을 찾아 고치세요.

① They apologized to me for having spilled coffee on my laptop yesterday.

② I'm thinking not of ordering a drink.

③ Taking up two tables aren't acceptable.

④ I'm used to go to cafés alone.

2. 괄호 안의 주어진 단어를 활용해서 빈칸을 채우세요.

> e.g. I'm looking forward to hearing from you soon. (hear)

① I'm thinking _____ to a coffee shop. (go)

② She's interested _____ pictures of nature. (take)

③ Thank you _____ me. (help)

④ They talked _____ languages. (learn)

3. 다음 우리말 문장을 바르게 영어로 바꾸세요.

① 영수증을 확인하지 않는 것은 문제를 야기할 수 있습니다.

→ _____.

② 저는 그렇게 말했던 것을 후회합니다.

→ _____.

③ 저는 회의에 늦는 것이 걱정됩니다.

→ _____.

④ 그녀는 차를 마시지 않는 충분한 이유가 있습니다.

→ _____.

앞에서 배운 문법 구조를 가진 다양한 표현들을 배워봅니다.

---

1. 주어 + have difficulty + (in) + -ing ~하는 데 어려움이 있다

▶ 위 표현에서 difficulty 뒤에 in은 구어에서 거의 생략됩니다. difficulty 대신 trouble을 쓸 수 있는데 이 두 단어 모두 a나 -s를 붙이지 않습니다.

She **has difficulty installing** computer programs.
그녀는 컴퓨터 프로그램을 설치하는 데 어려움이 있습니다.

I **had difficulty finding** a perfect place for us. 저는 우리에게 딱 맞는 장소를 찾는데 어려움이 있었습니다.

We **had difficulty keeping** our eyes open. 우리는 계속 눈을 뜨고 있는 것이 어려웠습니다.

---

2. 주어 + go + -ing ~하러 가다

▶ go 뒤에 스포츠와 같은 활동이 오면 '~하러 가다'라는 뜻입니다. 주로 skiing, hiking, swimming, sightseeing, shopping 등의 단어들과 함께 쓰입니다.

She **goes shopping** every Sunday. 그녀는 매주 일요일 쇼핑을 하러 갑니다.

We **went jogging** yesterday morning. 우리는 어제 아침 조깅을 하러 갔습니다.

We'll **go fishing** this weekend. 우리는 이번 주에 낚시하러 갈 예정입니다.

---

3. 주어 + be동사 + busy + -ing ~가 ~하느라 바쁩니다

▶ busy 뒤에 in/with 전치사가 생략된 형태입니다. 전치사 뒤에는 동명사 형태가 나와야 합니다.

I **was** too **busy doing** my homework. 저는 숙제하느라 너무 바빴습니다.

They **were busy talking** to each other. 그들은 서로 이야기하느라 바빴습니다.

He **is busy taking** orders and **making** drinks.
그는 주문을 받으며 음료를 만드느라 바쁩니다.

Q You indicated in the survey that you like to go to a café. How often do you go to a café? What do you usually do and why? Who do you go with?

설문조사에서 당신은 카페에 가는 것을 좋아하는 것으로 나타났습니다. 얼마나 자주 카페에 가나요? 주로 무엇을 하나요? 이유는 무엇입니까? 누구와 함께 가나요?

다음 빈칸에 알맞은 단어를 넣어 답변을 완성하세요.

1. 일반 카페 　　　　　　　　　　　　　　　　　　　　🎧 MP3 16-02

I often go to coffee shops near my office because I usually meet my clients there. I enjoy ❶_____ clients or friends in a coffee shop. It's a perfect place to have a conversation with people. Sometimes I have difficulty ❷_____ a place to meet my clients as all the meeting rooms are often occupied. If there isn't a meeting room available, I head to a nearby coffee shop at once. Talking with people at a coffee shop ❸_____ people feel more comfortable.

저는 주로 고객과 카페에서 만나기 때문에 사무실 근처 카페에 자주 갑니다. 저는 커피숍에서 고객이나 친구를 만나는 것을 좋아해요. 카페는 사람들과 대화하기에 딱 좋은 장소죠. 때때로 모든 회의실이 사용 중이라 저는 고객과 회의할 곳을 찾는 데 어려움을 느껴요. 만약 쓸 수 있는 회의실이 없다면 저는 즉시 근처 카페로 향하죠. 사람들은 카페에서 얘기하는 것이 더 편안하다고 생각합니다.

2. 북카페 　　　　　　　　　　　　　　　　　　　　🎧 MP3 16-03

On weekends, I go to a café far away from my home. Sometimes I go there to meet friends. Other times, I go there to read books or to relax. I especially like going to a book café. ❶_____ books in a book café is really relaxing. Almost all the people there are ❷_____ _____ books or doing other things. I like ❸_____ people coming and going while listening to music.

저는 주말에 집에서 멀리 떨어진 카페에 갑니다. 가끔 친구를 만나기 위해 그곳에 갑니다. 아니면 저는 책을 읽거나 단지 쉬기 위해 커피숍에 가죠. 특히 저는 북카페에서 책 읽는 것을 좋아합니다. 북카페에서 책을 읽으면 마음의 여유를 느낍니다. 그곳에 있는 거의 모든 사람들은 책을 읽거나 다른 무언가를 하느라 바쁩니다. 저는 음악을 들으며 사람들이 오고 가는 것을 보는 걸 좋아합니다.

영어로 인터뷰를 한다고 상상해봅시다. 다음 질문에 영어로 대답하고 여러분의 휴대폰에 녹음해 보세요. (3~4문장 정도 얘기합니다.)

You indicated in the survey that you like to go to a café. How often do you go to a café? What do you usually do and why? Who do you go with?

설문조사에서 당신은 카페에 가는 것을 좋아하는 것으로 나타났습니다. 얼마나 자주 카페에 가나요? 주로 무엇을 하나요? 이유는 무엇입니까? 누구와 함께 가나요?

■ Your Answer

Self checkist ☑ 녹음 후 아래 내용이 포함됐는지 확인해봅니다.

1. 동명사를 알맞게 사용해 이야기했습니까? ☐
2. 이번 Chapter에서 배운 새로운 단어를 사용했습니까? ☐
3. 3문장 이상 이야기했습니까? ☐

Parks 공원

'공원 가기'는 OPIc Background Survey에서 응시자들이 가장 많이 선택한 주제 중 하나입니다. 공원에 관한 주제로 자주 출제되는 문제는 자주 가는 공원에 대한 것과 그 공원에서 무엇을 하는지, 어떤 사람들이 있는지 등이 있습니다. 이 문제 역시 최대한 자세하게 묘사하는 것이 관건입니다. 자세한 묘사를 위해 to부정사에 대해 좀 더 알아보겠습니다.

공원과 관련된 어휘들을 얼마나 알고 있는지 확인해봅니다.

1. 다음 중 그 의미를 알고 있는 단어에 ◯표 하세요.

fitness equipment	citizens	for free	pathway, trail
fountain	jogging	stretch	jump rope

2. 우리말에 해당하는 영어 단어가 바로 떠오르면 ◯표 하세요.

운동기구	시민	무료로	오솔길
분수	조깅	스트레칭	줄넘기 하다

3. 다음 단어를 이용하여 빈칸을 채우세요.

walk	put up	bumped into	wear	gave up

① I _____ my boss on the street. 저는 길에서 우연히 상사를 만났습니다.

② Everyone helped me _____ the tents.
모든 사람이 제가 텐트 치는 것을 도와주었습니다.

③ In the end, I _____ smoking. 결국 저는 담배를 끊었습니다.

④ Every night I _____ my dog in the park. 저는 매일 밤 공원에서 개를 산책시킵니다.

⑤ We should _____ a helmet before riding a bike.
우리는 자전거를 타기 전에 헬멧을 써야 합니다.

다음 인터뷰 내용을 읽고 오픽 문제 유형을 확인해봅니다.　◉ MP3 17-01

Interviewer What can you see in a park? What kinds of people are there? What do they usually do?

Interviewee I love to go to the park near the river. There are always a lot of people there like families, couples, and teenagers. The park provides countless activities and opportunities for people to play in the water. I often see people looking for a place to sit and walking along the river. There are often people waiting to get in the gallery as well. Everyone there seems to like the park.

면접관 당신은 공원에서 무엇을 볼 수 있나요? 그곳에는 어떤 사람들이 있나요? 그들은 주로 무엇을 하나요?

면접자 저는 강 근처에 있는 공원에 가는 걸 좋아해요. 공원에는 가족, 커플 그리고 청소년 등 많은 사람이 있죠. 그 공원은 강에서 사람들이 놀 수 있도록 셀 수 없이 많은 활동과 기회를 제공해요. 앉을 자리를 찾는 사람들도 볼 수 있고 강을 따라 산책하는 사람들도 볼 수 있어요. 또한 사람들은 미술관에 들어가기 위해 기다리기도 해요. 그들은 전부 즐거운 것처럼 보여요.

어휘 provide 제공하다　countless 셀 수 없는　opportunity 기회　play 놀다
look for ~을 찾다　walk along ~를 따라 걷다　get in ~에 들어가다　as well ~도 역시

---

1. 위 지문에서 노란색으로 표시된 부분을 살펴보고 순서대로 의미군을 적어보세요.

> e.g. I love to go to the park near the river.　저는 / 좋아하다 / 가는 것 / 공원에 / 강 근처

① I often see some people looking for a place to sit.

→ _____

② There are often people waiting to get in the gallery as well.

→ _____

③ Everyone there seems to like the park.

→ _____

영어식 사고 훈련이므로 반드시 해봅니다.

2. 다음 질문에 대해 '나'와 관련된 내용을 간단하게 적으세요.

① 공원이 어디 있는지 :

② 어떤 사람들이 있는지 :

③ 공원에 무엇이 있는지 :

1. 각 문장에서 주어, 목적어, 그리고 보어를 찾아 표시하세요.

① I love to go to the park near the river.

② They seem to have fun.

③ My life-long dream is to visit the Grand Park.

④ I promise not to be late for the picnic.

■ 위 문제에서 공통점이라 생각되는 부분 메모하기

자세한 설명은 **문법 익히기** 3. to부정사의 역할 부분을 확인하세요.

2. 각 문장에서 밑줄 친 to부정사가 꾸며주는 것을 찾으세요.

① The park provides countless opportunities for kids <u>to play</u>.

② They need something <u>to drink</u>.

③ I can see some people looking for a place <u>to sit</u>.

④ I don't have anything <u>to wear</u>.

■ 위 문제에서 공통점이라 생각되는 부분 메모하기

자세한 설명은 **문법 익히기** 3. to부정사의 역할 부분을 확인하세요.

3. 다음 밑줄 친 부분에 유의하여 우리말로 해석하세요.

① We usually go to the park after dinner <u>to exercise</u>.

② I used to walk along the path <u>to relax</u>.

③ She left early <u>to avoid</u> rush hour.

④ They were standing in front of the gate <u>to meet their friends</u>.

■ 위 문제에서 공통점이라 생각되는 부분 메모하기

자세한 설명은 **문법 익히기** 3. to부정사의 역할 부분을 확인하세요.

4. 각각의 문장에서 밑줄 친 it이 가리키는 것을 우리말로 쓰세요.

① <u>It</u>'s easy to compare prices online.

② <u>It</u>'s good to take a rest in the shade.

③ <u>It</u>'s difficult to find a spot to sit.

④ <u>It</u>'s very kind of you to help me.

■ 위 문제에서 공통점이라 생각되는 부분 메모하기

자세한 설명은 **문법 익히기** 5. 가주어 진주어 부분을 확인하세요.

1. to부정사란?

부정사란 품사가 정해지지 않은 것을 의미합니다. 품사라면 명사, 형용사, 부사 등을 말하는데, 품사가 정해지지 않았다는 것은 무슨 뜻일까요? 특정한 품사가 정해지지 않았으므로 명사도 될 수 있고 형용사도 될 수 있고 부사도 될 수 있다는 뜻입니다. 영어에서 to부정사는 [to+동사원형] 형태입니다.

2. to부정사의 형태

동명사와 마찬가지로 to부정사는 동사의 의미가 있지만 문장에서 다양한 역할을 하기 위해 모습을 바꾼 것입니다. 동사의 성격이 있기 때문에 시제와 목적어를 가질 수 있습니다.

주절과의 관계	긍정형	부정형
시제가 동일할 때	to+동사원형 e.g. She seems to be rich. 그녀는 부유한 것처럼 보인다.	not to+동사원형 e.g. She seems not to be rich. 그녀는 부유하지 않은 것처럼 보인다.
시제가 다를 때	to have p.p. e.g. She seems to have been rich. 그녀는 부유했던 것처럼 보인다.	not to have p.p. e.g. She seems not to have been rich. 그녀는 부유하지 않았던 것처럼 보인다.

동명사와 마찬가지로 주절의 시제가 동일할 때는 기본형인 [to+동사원형]을 써주지만 주절의 시제와 다른 시점에 발생한 것은 have를 이용하여 나타냅니다. 여기에서는 seem이라는 동사가 주절의 동사이며 현재시제이므로 '그녀가 부유한' 것이 현재인 경우에 to be rich를, 과거인 경우에 to have been rich를 각각 썼습니다. 부정형인 경우 to부정사 바로 앞에 not을 써줍니다.

3. to부정사의 역할

부정사는 동명사와 달리 명사 역할만 하는 것이 아니라, 형용사와 부사 역할까지 다양하게 수행합니다. 명사 역할을 할 때는 주어, 목적어, 보어 자리에 올 수 있습니다. 그리고 형용사 역할을 할 때는 명사 뒤에서 명사를 수식합니다. 보어 자리에는 형용사가 올 수 있기 때문에 당연히 be동사 뒤에 올 수 있겠죠? 마지막으로 부사 역할도 합니다. to부정사의 부사 역할 중 어떤 행동의 목적과 감정의 원인을 말하는 데 가장 많이 쓰입니다. 목적으로 쓰인 경우에는 '~하기 위해'라고 해석하면 되고 감정의 원인인 경우에는 '~여서 ~하다'라고 생각하면 됩니다.

명사 역할	주어	To visit the Grand Park isn't easy.
	목적어	I love to go to the park near the river.
	보어	They seem to have fun. (2형식 – 주격 보어)
		I want you to come with me. (5형식 – 목적격 보어)
형용사 역할		They need something to drink.
부사 역할	목적	She left early to avoid the rush hour.
	원인	They were sorry to hear the news.

4. to부정사만을 목적어로 취하는 타동사

to부정사가 목적어 역할을 할 수 있다고 했습니다. 동명사와 마찬가지로 모든 동사가 to부정사를 목적어로 가지지는 않습니다. to부정사를 목적어로 가지는 타동사는 아래와 같습니다. 이 동사들 역시 무조건 많이 외우겠다는 생각은 버리고 동사 뒤에 to를 붙여 자꾸 말하면서 기억하는 연습을 하는 것이 말하기에 도움이 됩니다.

want to	plan to	hope to	agree to
decide to	offer to	seem to	expect to
happen to	need to	learn to	promise to
try to	manage to	tend to	fail to

5. 가주어 진주어

영어에서는 앞의 내용이 길어지면 뒤로 보내는 경우가 많습니다. 하지만 앞의 내용이 길다고 무조건 뒤로 보낼 수는 없습니다. 그래서 대신 it이라는 가짜 주어를 사용합니다. 그리고 진짜 주어는 to부정사 형태로 만들어 뒤로 보냅니다. 그래서 it은 주어 자리에 있지만 특별한 의미가 없기 때문에 가주어라고 하고, to부정사는 문장 뒤로 옮겼지만 핵심 내용을 담고 있기 때문에 진주어라고 합니다. 진주어(to부정사) 앞에 [for+목적격 대명사]는 to부정사의 의미상의 주어라고 하여 to부정사가 어떤 행동을 의미하는 내용인 경우 [for+목적격] 부분을 주어처럼 해석합니다.

It + be동사 + 형용사 + for 사람 목적어 + to부정사
가주어   진주어

e.g. It is easy for you to move this box. 당신이 이 상자를 옮기는 것은 쉬운 일입니다.

1. 각 문장에서 틀린 부분을 찾아 고치세요.

① They decided to visiting the park.

② My parents allowed to me to leave early.

③ We hope to back again before long.

④ He promised to not feed the animals in the zoo.

2. 빈칸에 들어갈 알맞은 동사를 〈보기〉에서 찾아 넣으세요.

> 보기   agreed   want   gave up   expect

① I _____ to go alone.

② We _____ you to be here at 10 o'clock.

③ Finally, I _____ jogging because I didn't have enough time.

④ I _____ to lend them my bikes.

3. 우리말에 맞도록 영어로 바꾸세요.

① 당신이 저와 함께 가주었으면 좋겠습니다.

→ _____.

② 헬멧 쓰는 것을 잊지 마세요.

→ _____.

③ 저는 충분히 먹었어요.

→ _____.

④ 모든 장소를 기억하는 것이 제겐 어려워요.

→ _____.

OPIc
빈출 표현

앞에서 배운 문법 구조를 가진 다양한 표현들을 배워봅니다.

---

1. It's + 형용사 + of + 목적격(me, him, her, us, them) + to부정사 ~하다니 ~은 ~하다

▶ 의미상 주어 자리 앞에 전치사 for 대신 of를 쓰는 경우가 있습니다. 바로 It's 뒤에 형용사가 사람 성격을 나타내는 foolish, kind, clever, generous, silly, stupid, unfair 등의 단어가 오는 경우입니다.

It's kind of you to help me. 저를 도와주다니 당신은 친절하군요.

It's clever of her to figure it out. 이것을 이해하다니 그녀는 영리해요.

It's foolish of them to make the same mistake. 같은 실수를 하다니 그들은 멍청하군요.

---

2. 사람 + be + the + 서수 + (person) + to ~가 몇 번째로 ~한 사람이다

▶ to부정사가 형용사로 쓰여 the 서수를 꾸며주고 있습니다. 이때 서수는 first, second, third, last 등을 의미합니다.

He **was the first** person **to** finish the exam. 그는 첫 번째로 시험을 끝마친 사람입니다.

She **was the only** person **to** arrive on time. 그녀는 유일하게 정각에 도착한 사람입니다.

I **am** always **the last** person **to** leave. 저는 늘 마지막으로 떠나는 사람입니다.

---

3. 주어 + be + 형용사 + to ~해서 ~하다

▶ 여기서 to부정사는 부사적 용법으로 감정의 원인을 설명해주고 있습니다.

I **was so glad to** bump into her there. 저는 그곳에서 그녀를 우연히 만나 정말 기뻤습니다.

They **were sorry to** hear the news. 그들은 그 소식을 듣고 유감이라고 생각했습니다.

We **were surprised to** see the accident. 우리는 그 사고를 보고 놀랐습니다.

Q

지금까지 학습한 내용을 토대로 작성된 다른 답안을 확인해봅니다.

What can you see in a park? What kinds of people are there?
What do they usually do?

당신은 공원에서 무엇을 볼 수 있나요? 그곳에는 어떤 사람들이 있나요? 그들은 주로 무엇을 하나요?

다음 빈칸에 알맞은 단어를 넣어 답변을 완성하세요.

1. 주중 모습

MP3 **17-02**

I usually go to the park near my home with my wife after dinner. Whenever we go to the park, we see a lot of families of all ages. The park offers a great diversity of activities for everyone ❶_____ _____. There is some fitness equipment ❷_____ all the citizens to use for free. We can also see people jogging along the pathway or riding bicycles. We are ❸_____ _____ _____ who like to just sit quietly.

저는 주로 저녁을 먹은 후 아내와 함께 집 근처 공원에 갑니다. 공원에 갈 때마다 우리는 모든 연령층의 많은 가족을 볼 수 있죠. 공원은 당신이 즐길 수 있는 대단히 많은 활동을 제공해요. 모든 시민을 위해 무료로 사용할 수 있는 운동기구도 있어요. 또한 우리는 길을 따라 조깅하는 사람들이나 자전거를 타는 사람들을 볼 수 있어요. 그저 조용히 앉아 있는 사람들은 우리뿐입니다.

2. 주말 모습

MP3 **17-03**

On weekends, I go to the park with my friends ❶_____ _____ soccer. In the morning there are usually people who come to play soccer or baseball. As the day goes on, more and more people begin ❷_____ _____ to the park. Some people put up their tents to take a rest. Others sit on the benches and enjoy the sunshine. Lots of children walk their dogs, too. They all ❸_____ _____ _____ happy. It's good to spend time in the park on weekends.

주말에 저는 친구들과 축구를 하기 위해 공원에 갑니다. 아침에는 보통 축구나 야구를 하기 위해 오는 사람들이 있어요. 낮이 되면 더 많은 사람이 공원에 오기 시작하죠. 몇몇 사람은 텐트를 치고 거기에서 쉽니다. 다른 사람은 벤치에 앉아서 햇빛을 즐기기도 하고요. 많은 아이들이 개를 산책시키기도 해요. 그들은 행복해 보여요. 주말에 공원에서 시간을 보내는 것은 즐겁습니다.

영어로 인터뷰를 한다고 상상해봅시다. 다음 질문에 영어로 대답하고 여러분의 휴대폰에 녹음해 보세요. (3~4문장 정도 얘기합니다.)

What can you see in a park?
What kinds of people are there?
What do they usually do?

당신은 공원에서 무엇을 볼 수 있나요?
그곳에는 어떤 사람들이 있나요? 그들은 주로 무엇을 하나요?

■ Your Answer

Self checkist ☑ 녹음 후 아래 내용이 포함됐는지 확인해봅니다.

1. to부정사를 알맞게 사용해 이야기했습니까?　　　　　　　　　　□

2. 이번 Chapter에서 배운 새로운 단어를 사용했습니까?　　　　　□

3. 3문장 이상 이야기했습니까?　　　　　　　　　　　　　　　□

Photography 사진 찍기

Chapter
18

사진 찍기는 OPIc Background Survey에 새로 추가된 주제 중 하나입니다. 주제는 새롭지만 출제되는 문제 유형은 여느 문제들과 같습니다. 사진을 언제, 어디서, 얼마나 자주 찍는지 묻는 기본 질문들 이외에도, 어떻게 사진 찍는 것에 관심을 가지게 되었는지 묻는 질문들도 있습니다. 앞서 배운 문장들을 모두 활용하는 한편 문장들을 이어주는 연결사를 통해 더 길게 말하는 방법에 대해 살펴보겠습니다.

어휘 쌓기

사진 찍기와 관련된 어휘들을 얼마나 알고 있는지 미리 확인해봅니다.

1. 다음 중 그 의미를 알고 있는 단어에 ◯표 하세요.

shot	portrait orientation	landscape orientation
photography	background(foreground)	light

2. 우리말에 해당하는 영어 단어가 바로 떠오르면 ◯표 하세요.

사진	세로 방향	가로 방향	사진 찍기	배경(전경)	빛

3. 다음 단어를 이용하여 빈칸을 채우세요.

adjust	enhance	choose	having	shoot

① It is really important to choose the right time to _____.
사진을 찍기에 적당한 때를 선택하는 것은 정말 중요합니다.

② We were able to _____ our pictures by adding some special effects.
우리는 특수 효과를 추가해서 사진을 더 잘 나오게 할 수 있었습니다.

③ You need to _____ the settings on your camera.
당신은 카메라 설정을 조정할 필요가 있습니다.

④ Photographers should _____ to shoot in either portrait or landscape
mode. 사진사들은 세로로 찍을지 가로로 찍을지 선택해야 합니다.

⑤ I hate _____ my picture taken. 저는 사진 찍히는 것을 싫어합니다.

Interviewer How did you first become interested in photography? Who had an influence on you?

Interviewee I first became interested in photography when I was 20. At that time, my friend and I bought a brand-new camera each, which was popular among freshmen. Neither of us knew how to use it, so we joined our university's camera club right away. It was not easy to learn how to take good pictures, but we were able to take great pictures not long after joining the club. I love taking pictures of both myself and other people. I feel great whenever I look at the pictures I've taken.

면접관 처음으로 어떻게 사진 찍는 것에 흥미를 가지게 되었나요? 누가 당신에게 영향을 끼쳤나요?

면접자 저는 20살 때 처음으로 사진 찍는 것에 흥미가 생겼어요. 그때 제 친구와 저는 신입생 사이에서 유명한 최신 카메라를 각각 샀죠. 우리 둘 다 그것을 어떻게 사용하는지 몰랐고, 그래서 우리는 곧바로 카메라 동아리에 가입했어요. 좋은 사진 찍는 것을 배우는 건 쉽지 않았지만 우리는 동아리에 가입한 지 얼마 안 돼 멋진 사진을 찍을 수 있었어요. 저는 셀카나 다른 사람들 사진 찍는 걸 좋아해요. 제가 찍은 사진을 볼 때마다 기분이 좋습니다.

어휘 photography 사진 찍기 have an influence on ~에게 영향을 미치다 brand-new 새것의
freshman 신입생 be able to ~할 수 있다 not long after ~한지 얼마 안 돼

---

1. 위 지문에서 노란색으로 표시된 부분을 살펴보고 순서대로 의미군을 적어봅니다.

e.g. My friend and I bought a brand-new camera each.
제 친구와 저는 / 샀다 / 최신 카메라를 / 각각

① Neither of us knew how to use it.

→ _____

② We joined our university's camera club right away.

→ _____

③ I feel great whenever I look at the pictures.

→ _____

영어식 사고 훈련이므로 반드시 해봅니다.

2. 다음 질문에 대해 '나'와 관련된 내용을 간단하게 적으세요.

① 언제 사진에 관심을 가졌는지 :

② 카메라를 어디에서 배웠는지 :

③ 어떤 사진 찍는 것을 좋아하는지 :

1. 다음 중 성격이 다른 하나를 고르세요.

① and, but, also, or

② both, for, neither, either

③ yet, that, if, whether

④ as, since, after, because

■ 위 문제에서 공통점이라 생각되는 부분 메모하기

자세한 설명은 문법 익히기 2. 등위접속사와 3. 상관접속사 부분을 확인하세요.

2. 다음 중 빈칸에 들어갈 단어로 알맞은 것을 〈보기〉에서 찾아 고르세요.

> 보기   faster   l   research articles   get

① My brother and _____ got into photography when we were young.

② _____ outside and get him to take a photo of you.

③ We started doing more reading and _____.

④ Professional equipment is always going to be better and _____ than entry-level gear.

■ 위 문제에서 공통점이라 생각되는 부분 메모하기

자세한 설명은 문법 익히기 2. 등위접속사 부분을 확인하세요.

3. 다음 밑줄 친 부분에 유의해서 문장을 해석하세요.

① Taking pictures is fun, <u>but</u> it's not easy.

② I had my camera fixed a few days ago. <u>However</u>, it still doesn't work properly.

③ There was an instructional manual. <u>Nevertheless</u>, we didn't read it.

④ I tried to take good quality pictures, <u>but</u> no one seems to like them.

■ 위 문제에서 공통점이라 생각되는 부분 메모하기

자세한 설명은 **문법 익히기** 4. 접속사와 접속부사 부분을 확인하세요.

4. 다음 각 문장에서 강조하는 부분에 밑줄을 치세요.

① We need both financial support and advice.

② Financial support and advice are needed in this situation.

③ The software can not only add special effects to your pictures but also allow you to edit them easily.

④ You can use both tools.

■ 위 문제에서 공통점이라 생각되는 부분 메모하기

자세한 설명은 **문법 익히기** 3. 상관접속사 부분을 확인하세요.

1. 접속사란?

지금까지는 주어와 동사로 이루어진 완전한 문장을 만드는 방법에 대해 알아봤습니다. 이번에는 문장과 문장을 연결해주는 품사에 대해 알아보겠습니다. 이를 접속사라고 부릅니다. 영어에서 접속사는 크게 두 가지 유형으로 나눕니다. 하나는 똑같은 구조의 문장을 동등하게 연결해주는 등위접속사, 다른 하나는 동등하지 않은 두 문장을 연결하는 종속접속사입니다. 이번 Chapter에서는 등위접속사에 대해, 그리고 Chapter 19에서 종속접속사에 대해 알아보겠습니다.

2. 등위접속사

등위접속사의 종류로는 and, or, but, so, for, yet 등이 있습니다. 등위접속사의 가장 큰 특징은 동등한 형태를 연결해준다는 것이고, 등위접속사를 통해 두 문장의 중요도가 같음을 알 수 있습니다. 등위접속사는 문장뿐만 아니라 단어와 구도 함께 연결해줍니다. 이때 주의할 점은 반드시 같은 형태끼리 연결해야 한다는 것입니다

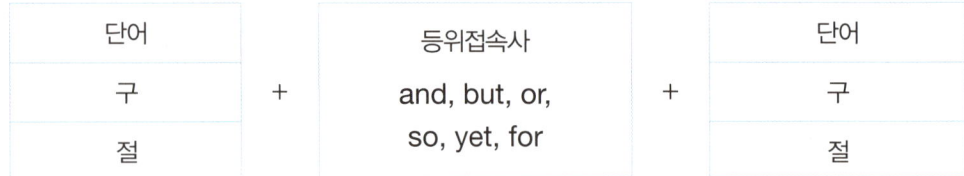

단어		등위접속사		단어
구	+	and, but, or, so, yet, for	+	구
절				절

e.g. My brother **and** I got into photography when we were young.
(명사와 명사를 연결)

Get outside **and** get him to take a photo of you. (동사구와 동사구를 연결)

We started doing more reading **and** research.
(명사와 명사를 연결)

Professional equipment is always going to be better **and** faster than entry-level gear.
(비교급 형용사와 비교급 형용사를 연결)

3. 상관접속사

앞에서 다룬 등위접속사와 관련하여 함께 쓰이는 접속사가 있습니다. 이런 접속사를 상관접속사라고 부릅니다. 상관접속사의 종류는 다음과 같습니다.

either A or B A 또는 B	both A and B A와 B 모두
neither A nor B A도 B도 아닌	not only A but also B A 뿐만 아니라 B도

그렇다면 등위접속사와 상관접속사의 차이는 무엇일까요? 바로 어디에 강조를 두느냐의 차이입니다.

e.g. Financial support and advice are needed in this situation.
(상관접속사 없이 and만 있는 경우 밑줄 친 서술 부분의 내용이 강조하고자 하는 부분이 됩니다.)

We need **both** financial support **and** advice.
(반면 상관접속사를 쓰면 both와 and가 강조되어 해당 부분이 좀 더 중요해집니다.)

The software can not only add special effects to your pictures **but also** allow you to edit them easily.
(not only~but also 상관접속사인 경우 but also 부분이 좀 더 강조됩니다.)

4. 접속사와 접속부사

접속사는 문장과 문장을 연결해주는 특별한 기능을 합니다. 그런데 사람들은 종종 접속사와 접속부사를 혼동하기도 합니다. 접속부사는 이름에서 알 수 있듯이 부사이기 때문에 문장을 연결해주는 기능은 없습니다. 하지만 접속사와 같은 뜻을 가지고 있어 마치 접속사처럼 잘못 쓰는 경우가 있습니다. 대표적인 예가 but과 however입니다. 둘 다 '그러나, 그런데'라는 뜻이 있지만 but은 접속사이고, however은 접속부사입니다.

e.g. Taking pictures is fun, but it's not easy.
(but은 접속사이므로 문장과 문장을 콤마(,)로 연결할 수 있습니다.)

I had my camera fixed a few days ago. However, it still doesn't work properly.
(however는 접속부사이므로 하나의 문장만 뒤따를 수 있습니다.)

1. 각 문장에서 틀린 부분을 찾아 고치세요.

① The picture was poorly but vivid.

② Both Luna and Kelly wants to share their photos with each other.

③ Neither filters nor effects was of no use.

④ We went to China and in Canada to see the beautiful scenery.

2. 빈칸에 들어갈 말로 알맞은 단어를 〈보기〉에서 찾아 넣으세요.

> 보기   yet   both   only   either   but

① I can't get the right light for the shot, it's _____ too bright or too dark.

② It's a basic pose, _____ it looks absolutely stunning.

③ _____ hands might as well be resting on the ground.

④ The website not _____ provides tips for beginners _____ also lists places to visit.

3. 우리말에 맞도록 영어로 바꾸세요.

① 오래된 팁이긴 하지만 훌륭한 팁입니다.

　→ _____.

② 저는 카메라를 사든지 아니면 스마트폰을 사려고 합니다.

　→ _____.

③ 저는 아이들 사진을 찍었을 뿐만 아니라 그 사진을 SNS에 게시했습니다.

　→ _____.

④ 그는 체격이 좋지도 않고 키가 크지도 않습니다.

　→ _____.

앞에서 배운 문법 구조를 가진 다양한 표현들을 배워봅니다.

---

1. We can … first, or … ~는 먼저 ~할 수 있거나, 그렇지 않으면 ~를 할 수 있는데

▶ or는 접속사로 can 뒤에 오는 동사 두 개를 연결해주고 있습니다. 따라서 or 뒤에 동사원형이 와야 합니다.

We can go for a walk **first, or** have a bite to eat. What should we do?
먼저 걸을래요. 아니면 밥을 먼저 먹을 수도 있는데 어떤 게 좋겠어요?

We could have a cup of coffee **first, or** look around the room first. What would you like? 커피를 먼저 마실래요. 아니면 방을 먼저 둘러볼 수도 있는데 어떤 게 좋겠어요?

We can take a short break **first, or** have dinner first. What would you like?
잠깐 쉬거나 그렇지 않으면 저녁을 먼저 먹을 수도 있는데 어떤 게 좋겠어요?

---

2. 주어 + 동사 + whether + 주어 +동사 + or not ~이든 아니든

▶ whether or not을 붙여 쓸 수도 있지만 whether 뒤에 바로 주어, 동사가 있는 절이 나오고 or not이 그 뒤로 갈 수도 있습니다. whether는 명사절이라 주어, 목적어, 보어 자리에 모두 올 수 있습니다.

I'm going to go out to take pictures **whether** it rains **or not**.
비가 오든 오지 않든 우리는 사진을 찍으러 나갈 거예요.

I'm not sure **whether** my pictures are good **or not**.
제가 찍은 사진이 잘 찍은 건지 아닌지 모르겠어요.

We don't know **whether** the news is true **or not**. 우리는 그 소식이 사실인지 아닌지 몰라요.

---

3. 주어 + be neither here nor there ~는 중요하지 않다

▶ neither는 부정을 의미하기 때문에 not과 함께 쓰지 않습니다.

His idea **was neither here nor there**. 그의 생각은 중요하지 않았어요.

It's essential that you have a camera. The cost **is neither here nor there**.
카메라를 가지고 있다는 게 중요한 거죠. 비용은 중요하지 않아요.

It doesn't matter if people don't like my photos. Their views **are neither here nor there** to me. 사람들이 제 사진을 좋아하는 것은 중요하지 않아요. 그들의 의견은 제게 중요하지 않아요.

Q 지금까지 학습한 내용을 토대로 작성된 다른 답안을 확인해봅니다.

How did you first become interested in photography? Who had an influence on you?

처음으로 어떻게 사진 찍는 것에 흥미를 가지게 되었나요? 누가 당신에게 영향을 끼쳤나요?

다음 빈칸에 알맞은 단어를 넣어 답변을 완성하세요.

1. 친구에게 영향을 받음   🔊 MP3 18-02

A few years ago, one of my friends started using SNS and began to take a lot of photos of ❶_____ people and landscape. Whenever he went somewhere with me, he took as many pictures as possible. At first, I wasn't interested in it at all, ❷_____ as time went by, I got more interested in taking pictures. Because of this, I bought a camera last year. On weekends, we often go out to take pictures all over the country. For us, it is all about enjoying taking pictures. Whether other people think they are good is ❸_____ here nor there.

몇 년 전 제 친구 중 한 명이 SNS를 시작했고 그 친구는 사람들과 풍경 사진을 많이 찍기 시작했어요. 그 친구는 저와 함께 어디 갈 때마다 가능한 한 많은 사진을 찍었죠. 처음에 저는 전혀 관심이 없었지만 시간이 갈수록 점점 사진을 찍는 데 흥미가 생겼어요. 이것 때문에 저는 작년에 카메라를 샀어요. 주말마다 우리는 사진을 찍기 위해 전국 여기저기를 다닙니다. 우리에게는 사진 찍는 것이 즐거울 뿐입니다. 사진이 잘 나왔는지 안 나왔는지는 중요하지 않습니다.

2. 새로 산 휴대폰 영향   🔊 MP3 18-03

I can't remember when I first got interested in taking pictures, ❶_____ I guess it might have been when I first bought a smartphone. As you know, the smartphones have excellent ❷_____ easy-to-use cameras. After a while, I wanted to learn how to take better pictures, so I signed up for an online photography course. I've gotten much better at photography since then, but I still need more practice. Now I love going out to take pictures every weekend ❸_____ it rains or not.

저는 언제부터 사진 찍기에 흥미를 느꼈는지 기억이 나지 않지만 아마 스마트폰을 샀을 때로 추측해요. 알다시피 스마트폰은 성능이 뛰어나면서 사용이 쉽기까지 한 사진촬영 기능이 있어요. 이윽고 저는 사진을 더 잘 찍는 방법을 배우고 싶었고 온라인으로 사진 찍기 강좌를 등록했어요. 사진을 더 잘 찍는 것에 대해 알게 되었지만 여전히 연습은 많이 필요해요. 지금은 비가 오든 안 오든 주말마다 사진을 찍으러 밖에 나가는 걸 정말 좋아해요.

OPIc 실전 연습

영어로 인터뷰를 한다고 상상해봅시다. 다음 질문에 영어로 대답하고 여러분의 휴대폰에 녹음해 보세요. (3~4문장 정도 얘기합니다.)

How did you first become interested in photography?
Who had an influence on you?

처음으로 어떻게 사진 찍는 것에 흥미를 가지게 되었나요?
누가 당신에게 영향을 끼쳤나요?

■ Your Answer

Self checkist ☑ 녹음 후 아래 내용이 포함됐는지 확인해봅니다.

1. 접속사를 알맞게 사용해 이야기했습니까? ☐
2. 이번 Chapter에서 배운 새로운 단어를 사용했습니까? ☐
3. 3문장 이상 이야기했습니까? ☐

Walking 걷기

설문 항목 중 스포츠에서는 조깅과 걷기가 함께 나옵니다. 이 두 주제는 연관성이 있기 때문에 응시자들이 함께 선택하는 조합입니다. 조깅과 걷기와 관련해서 자주 출제되는 문제로는 언제, 어디로, 누구와 함께 하는지 묻는 문제가 기본입니다. 이외에 난이도가 조금 더 올라가면 이 두 운동의 장점 및 다른 운동과 비교하라는 문제가 나오기도 합니다. 문제 난이도가 올라가면서 말하고자 하는 문장도 더욱 복잡해져야 합니다. 이런 설명을 위해서 필요한 종속접속사에 대해 알아보겠습니다.

걷기와 관련된 어휘들을 얼마나 알고 있는지 미리 확인해봅니다.

1. 다음 중 그 의미를 알고 있는 단어에 ◯표 하세요.

dementia	breast cancer	immune system	walk to work
lightly	loose	muscle	strengthen

2. 우리말에 해당하는 영어 단어가 바로 떠오르면 ◯표 하세요.

치매	유방암	면역 체계	걸어서 출근하다
가볍게	느슨한	근육	튼튼하게 하다

3. 다음 단어를 이용하여 빈칸을 채우세요.

boost	benefit	prevent	pay	keep

① It's a good idea to _____ track of how far you walk each day.
매일 얼마나 많이 걷는지 기록하는 것은 좋은 생각입니다.

② Doctors say that people should _____ attention to what they eat.
의사는 사람들에게 먹는 것에 유의할 것을 당부합니다.

③ Regular physical activity can help _____ dementia and cancer.
규칙적인 운동은 치매와 암 예방에 도움이 됩니다.

④ People can _____ from walking and jogging.
사람들은 산책과 조깅으로부터 (건강 상의) 혜택을 볼 수 있습니다.

⑤ To _____ your immune system, you should work out on a regular

basis. 면역 체계를 강화하기 위해 정기적으로 운동을 해야 합니다.

다음 인터뷰 내용을 읽고 오픽 문제 유형을 확인해봅니다. 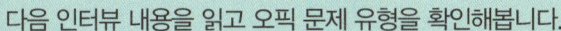 ⊙ MP3 19-01

Interviewer You indicated in the survey that you like walking. What kind of health benefits does walking have?

Interviewee I love walking, so I try to go for a walk after dinner every day. As you know, walking is strongly recommended because it has lots of health benefits. If you walk for thirty minutes a day, you'll be healthier. The easiest way to ensure that you walk enough is to make a habit of walking to work. Walking can also help enhance your mental health and reduce body fat.

면접관 설문에서 당신은 걷기를 좋아한다고 했습니다. 걷기는 어떤 장점을 가지고 있나요?

면접자 저는 걷는 것을 좋아해서 매일 저녁을 먹고 산책을 하려고 해요. 알다시피 걷기는 많은 이점이 있기 때문에 많은 사람이 강력하게 추천합니다. 만약 매일 30분씩 걷는다면 당신은 더 건강해질 거예요. 가장 쉬운 걷기 운동 방법은 걸어서 출근하는 습관을 만드는 것이죠. 걷기는 정신적인 건강을 증진시켜주고 지방도 제거해줍니다.

어휘 **go for a walk** 산책하다　　**ensure** 반드시 ~하게 하다, 보장하다　　**enhance** 증진하다　　**reduce** 줄이다

---

1. 위 지문에서 노란색으로 표시된 부분을 살펴보고 순서대로 의미군을 적어보세요.

> e.g. I try to go for a walk after dinner every day.
>
> 　　 저는 / 가려고 노력하다 / 산책하러 / 저녁 식사 후에 / 매일

영어식 사고
훈련이므로
반드시
해봅니다.

① Walking is strongly recommended because it has lots of health benefits.

　→ _____

② If you walk for thirty minutes a day, you'll be healthier.

　→ _____

③ The easiest way is to make a habit of walking to work.

　→ _____

2. 다음 질문에 대해 '나'와 관련된 내용을 간단하게 적으세요.

① 주로 언제 걷기 운동을 하는지 :

② 걷기 운동에 좋은 습관이 무엇인지 :

③ 걷기 운동에 장점이 무엇인지 :

1. 다음 문장에서 목적어에 해당하는 것을 찾아 밑줄을 치세요.

> e.g. I don't know <u>if she'll come in time</u>.

① I'll show you what I mean.

② Please tell me what you want.

③ I know that the best way to warm up is to walk slowly.

④ I don't know where I should start.

■ 위 문제에서 공통점이라 생각되는 부분 메모하기

자세한 설명은 **문법 익히기** 2. 명사절 접속사 부분을 확인하세요.

2. 밑줄 친 부분의 내용이 나타내는 것을 보기에서 찾아 쓰세요.

> 보기 시간   이유   조건   목적

① <u>When we walk</u>, we can have some time to think.

② Walking is strongly recommended <u>because it has lots of health benefits</u>.

③ <u>If you walk for at least thirty minutes a day</u>, you'll be healthier.

④ I walk to work <u>so that I can save money</u>.

■ 위 문제에서 공통점이라 생각되는 부분 메모하기

자세한 설명은 **문법 익히기** 3. 부사절 접속사 부분을 확인하세요.

3. 밑줄 친 부분이 구(phrase)인지 절(clause)인지 구분하세요.

> e.g. <u>To stay healthy</u>, I try to walk for <u>at least 30 minutes a day</u>.
>   구(phrase)   절(clause)

① <u>I always dress lightly</u> <u>when I do physical activities</u>.

② <u>Regular walking helps reduce the risk of chronic illnesses</u>.

③ <u>I take some water in a small backpack</u> <u>when I go for long walks</u>.

④ <u>It's important to stretch</u> <u>before going on a long walk</u>.

■ 위 문제에서 공통점이라 생각되는 부분 메모하기

자세한 설명은 **문법 익히기** 4. 접속사 vs. 전치사 부분을 확인하세요.

---

4. 각 문장에서 동사를 찾아 밑줄을 치고 동사의 수를 적으세요.

① I try to drink plenty of water before I go for a walk.

② We usually wear loose, comfortable clothing when we walk.

③ The doctor said that keeping an exercise log is helpful.

④ I'll see if there's something wrong with the shoes.

■ 위 문제에서 공통점이라 생각되는 부분 메모하기

자세한 설명은 **문법 익히기** 2. 명사절 접속사와 3. 부사절 접속사 부분을 확인하세요.

1. 종속접속사란?

앞서 배웠던 등위접속사는 접속사 앞뒤로 문장요소들을 동등하게 연결해주는 것이었습니다. 형태뿐만 아니라 의미상 중요도 역시 양쪽이 비슷했습니다. 반면 종속접속사는 이름에서도 알 수 있듯이 두 문장의 무게가 같지 않습니다. 두 문장을 연결해주는 종속접속사는 크게 주절 문장과 종속절 문장을 연결해줍니다. 주절은 그 문장 하나만으로도 완성된 의미를 전달할 수 있지만 종속접속사를 포함한 종속절은 단독으로 쓸 수 없습니다. 접속사는 주절과 종속절을 연결하기 때문에 두 개의 본동사가 나옵니다.

주어+동사+(목적어)	+	종속접속사	+	주어+동사+(목적어)
주절		종속절		

e.g. I walk to work **so that** I can save money.
　　　주절　　　　　　　종속절

When we walk, we can think.
　종속절　　　　주절

2. 명사절 접속사

종속접속사는 크게 명사절 접속사와 부사절 접속사로 나뉩니다. 우선 명사절 접속사를 살펴보겠습니다. 명사절 접속사는 명사 역할을 하는 문장을 연결해줍니다. 그렇다면 다시 한 번 기억을 떠올려 볼까요? 명사는 주어, 목적어, 보어 역할을 할 수 있다고 했죠? 이전에는 주어, 목적어, 보어 자리에 단어 형태가 왔다면 이젠 명사절 접속사를 이용한 문장 형태도 이 자리에 올 수 있습니다.

명사절 접속사	that	이 that은 특별한 의미가 없습니다. 단지 that 뒤에 오는 문장(절)이 주어나 목적어, 보어 역할을 하는 것을 알려줍니다.
	what	what은 '~하는 것'이라고 해석합니다. 역시 뒤에 문장이 따라 오지만 주어나 목적어 자리가 비어있습니다. 왜냐하면 그 자리를 대신하는 것이 what이기 때문입니다.
	if(whether)	if, whether는 '~인지, 아닌지'로 해석합니다. whether의 경우 or not과 함께 씁니다.
	의문사(who, when, where, how, why)	의문사절은 의문사 6개 뒤에 주어, 동사 순의 문장이 따라옵니다. 문장으로도 올 수 있고 to부정사로 올 수도 있습니다.

e.g. I know **that** the best way to warm up is to walk slowly. (목적어 역할)

Please tell me **what** you want. (직접목적어 역할)

Whether she comes on time or not doesn't matter. (주어 역할)

I don't know **where** I should start. = I don't know **where** to start. (목적어 역할)

3. 부사절 접속사

부사절 접속사는 명사절 접속사보다 수가 더 많습니다. 부사가 어떤 역할을 하는지 기억하나요? 부사는 시간, 이유, 조건, 양보, 목적에 관한 내용을 전달합니다. 각 부분별로 다양한 접속사가 있습니다. 부사절 접속사 뒤에는 완전한 문장(1형식~5형식 형태에 맞는)이 옵니다.

부사절 접속사	시간	when, since, after, before, as, until, as soon as
	이유	because, since, as, now that
	조건	if, unless, as long as
	양보	although, even though, though
	목적	so that~

부사절 접속사는 주절 앞에, 또는 뒤에 올 수 있습니다.

e.g. **If** you walk for at least thirty minutes a day, you'll be healthier.
　　　　종속절　　　　　　　　　　　　　　　주절

Walking is strongly recommended **because** it has lots of health benefits.
　　주절　　　　　　　　　　　　　　　종속절

4. 접속사 vs. 전치사

계속 언급했듯이 접속사는 문장을 연결해주는 역할을 하지만 접속 부사는 그렇지 않습니다. 부사절 접속사 중 전치사와 접속사 역할을 동시에 하는 단어들이 있습니다. when, after, before 등은 전치사로도 쓰여 뒤에 동명사나 구 형태가 올 수 있습니다. 구(phrase)의 경우, 시제나 인칭을 나타내는 동사가 없는 것을 의미하는 반면, 절(clause)은 이런 동사가 있는 것이므로 둘을 반드시 구분할 수 있어야 합니다.

1. 각 문장에서 틀린 부분을 찾아 고치세요.

① She'll go out for dinner as soon as she will get back home.

② I always keep track of how far I walk whenever I going out.

③ I don't know if or not I should buy a pair of running shoes.

④ All what I want is to boost my immune system.

2. 빈칸에 들어갈 말로 알맞은 단어를 〈보기〉에서 찾아 넣으세요.

> 보기   when   if   since   that

① A recent study showed _____ regular exercise can reduce the risk of cancer.

② I've walked my dogs every morning _____ I moved into this apartment.

③ _____ you walk with someone in your family, you can relax by chatting with him/her.

④ Walking is the simplest way _____ you want to lose weight.

3. 우리말에 맞도록 영어로 바꾸세요.

① 우리는 걷기가 치매를 예방한다는 것을 알게 되었습니다.

→ _____.

② 걸을 때 자세에 주의를 기울여야 합니다.

→ _____.

③ 그가 말했던 것을 들었어야 했습니다.

→ _____.

④ 만약 비가 오지 않는다면 헐렁하고 편한 옷을 입으세요.

→ _____.

앞에서 배운 문법 구조를 가진 다양한 표현들을 배워봅니다.

---

1. **Make sure that 주어 + 동사** 반드시 ~하다(명심하다)

▶ make sure는 자주 쓰는 회화 표현으로 '반드시 ~을 하다, 명심하다'라는 의미입니다. that절 대신 to부정사를 쓸 수 있습니다.

Make sure that you put on sunscreen 30 minutes before going out.

당신은 밖에 나가기 30분 전에 반드시 선크림을 발라야 합니다.

Make sure that you drink enough water before going for a walk.

걷기 운동 전에 반드시 충분한 물을 마셔야 합니다.

Make sure that you read the manual before using it.

그것을 사용하기 전에 당신은 반드시 사용법을 읽어야 합니다.

---

2. **Once 주어 + 동사, 주어 + 동사** 일단 ~하면 ~가 ~하게 된다

▶ once는 부사와 접속사로 모두 쓰입니다. 부사일 때는 '~한 때는, 한 번은'이라는 의미지만 접속사로 쓰이면 '일단 ~하면'이라는 조건을 나타냅니다.

Once you start jogging, you'll become healthier.

일단 조깅을 시작하기만 한다면 당신은 더 건강해질 것입니다.

Once we joined the health club, we started losing weight.

일단 그 헬스 클럽에 등록하자 우리는 점차 살이 빠지기 시작했습니다.

Once you make jogging a habit, it'll become part of your life.

일단 조깅을 습관처럼 만든다면 조깅은 삶의 일부가 될 것입니다.

---

3. **I'll see if + 주어 + 동사** ~인지(아닌지) 알아 보다

▶ 여기서 see는 '보다'라는 뜻이 아니고 '확인하다, 알아보다'라는 뜻입니다. if 대신 whether를 쓸 수도 있습니다.

I'll see if there's something wrong with the shoes. 신발에 문제가 있는지 알아보겠습니다.

I'll see if they can come with me. 그들이 저와 함께 갈 수 있는지 알아보겠습니다.

I'll see if she can join me for a walk. 그녀가 걷기운동에 참여할 수 있는지 알아보겠습니다.

모범답안
확인하기

Q 지금까지 학습한 내용을 토대로 작성된 다른 답안을 확인해봅니다.

You indicated in the survey that you like walking. What kind of health benefits does walking have?
설문에서 당신은 걷기를 좋아한다고 했습니다. 걷기는 어떤 장점을 가지고 있나요?

다음 빈칸에 알맞은 단어를 넣어 답변을 완성하세요.

1. 육체적인 건강의 이점 　　　　　　　　　　　　　　　 🎧 MP3 19-02

Walking has several health benefits. To begin with, ❶_____ you walk faster than usual for about thirty minutes, your muscles will get stronger. Second, walking can help prevent breast cancer as well as dementia. ❷_____ _____ _____ I know, going for a walk can help you sleep well at night because you use up a lot of energy while walking. To get the most out of going for a walk, make sure ❸_____ you walk with good posture.

걷기에는 몇 가지 장점이 있어요. 우선 만약 당신이 평소보다 30분 정도 빨리 걷는다면 당신의 근육은 더 튼튼해질 거예요. 두 번째로 걷기는 유방암뿐만 아니라 치매를 예방하는데 도움을 줘요. 제가 알기로 걷기 운동은 밤에 푹 잘 수 있게 도와줘요. 왜냐하면 걸으면서 많은 에너지를 쓰기 때문입니다. 걷기를 통해 그런 장점들을 얻기 위해서 당신은 반드시 바른 자세로 걸어야만 해요.

2. 정신적인 건강의 이점 　　　　　　　　　　　　　　　 🎧 MP3 19-03

People can benefit from walking. It's a well-known fact ❶_____ walking is good for our health ❷_____ it's relatively less well-known that walking is, also, good for our mental health. When you walk with your friends or someone in your family, you can relax by chatting with them. In addition, as far as ❸_____ _____, walking can improve memory in seniors and boost creativity in the young.

사람들은 걷기에서 많은 이점을 얻을 수 있어요. 걷기가 우리 몸에 도움을 주는 것은 잘 알려진 사실인 동시에 걷기가 우리 정신건강에 도움이 된다는 것은 상대적으로 덜 알려진 사실이죠. 당신이 친구나 가족과 함께 걸을 때 그들과 수다를 떨면서 스트레스를 풀 수 있어요. 게다가 제가 알기로는 걷기가 노인들에게는 기억력 향상에 도움을 주고, 젊은이들에게는 창의력을 북돋아 준다고 합니다.

OPIc 실전 연습 영어로 인터뷰를 한다고 상상해봅시다. 다음 질문에 영어로 대답하고 여러분의 휴대폰에 녹음해 보세요. (3~4문장 정도 얘기합니다.)

You indicated in the survey that you like walking. What kind of health benefits does walking have?

설문에서 당신은 걷기를 좋아한다고 했습니다.
걷기는 어떤 장점을 가지고 있나요?

■ Your Answer

Self checkist ☑ 녹음 후 아래 내용이 포함됐는지 확인해봅니다.

1. 종속접속사를 알맞게 사용해 이야기했습니까? ☐

2. 이번 Chapter에서 배운 새로운 단어를 사용했습니까? ☐

3. 3문장 이상 이야기했습니까? ☐

Business trip 출장

설문 항목 중 가장 마지막 부분은 여행에 관한 내용입니다. 국내외 여행 말고도 국내외 출장과 관련된 항목이 함께 있습니다. 국내외 출장과 관련해서는 출장을 가서 무슨 일이 있었는지, 또는 출장 갈 때 가져가는 물건은 무엇인지 설명하라는 질문이 자주 출제됩니다. 출장 가서 있었던 일을 설명할 때 업무 일정과 관련된 일들을 수동태를 이용해 묘사하는 방법에 대해 알아보겠습니다.

어휘 쌓기

출장과 관련된 어휘들을 얼마나 알고 있는지 확인해봅니다.

1. 다음 중 그 의미를 알고 있는 단어에 ◯표 하세요.

reception	conference	speech	previous
business trip	decision	journey	arrange
invite	participant	stolen	discontinued

2. 우리말에 해당하는 영어 단어가 바로 떠오르면 ◯표 하세요.

연회	학회	연설	이전의	출장	결정
여행	준비하다	초대하다	참가자	훔친	중단된

3. 다음 단어를 이용하여 빈칸을 채우세요.

turn	disappeared	organized	last	informed

① After the business trip, I had to _____ in several reports.
출장을 다녀와서 저는 몇 가지 보고서를 제출해야 했습니다.

② I was told that the seminar will _____ for two hours.
저는 세미나가 2시간 동안 계속될 것이라고 들었습니다.

③ They came to the party quietly and _____ quickly.
그들은 파티에 조용히 왔다 금세 사라졌습니다.

④ The secretary _____ us of the schedule of the meeting.
그 비서는 우리에게 회의 일정을 통보했습니다.

⑤ The reception will be _____ by his secretary.
연회는 그의 비서의 의해 계획될 것입니다.

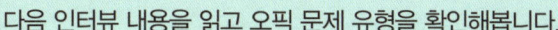
Interviewer Tell me about the last time you went on a business trip. What did you do?

Interviewee It was last month. I went on a business trip to Vietnam with my boss. We were supposed to attend a conference on IT research. It was scheduled to last two days. Before the business trip, I was asked to arrange the trip. I arranged the whole schedule and gathered information for the presentation, and saved it on my laptop. I put the laptop in my briefcase before we departed. However, something bad happened. My briefcase was stolen at the airport. I was embarrassed, but fortunately one of my co-workers sent us a copy of the file.

면접관 마지막으로 당신이 출장 갔을 때를 말해주세요. 그곳에서 당신은 무엇을 했나요?

면접자 출장은 지난달이었어요. 저는 베트남으로 상사와 함께 출장을 갔었죠. 우리는 IT 연구에 관한 학회에 참석하기로 되어있었어요. 일정은 이틀 동안 진행되는 것이었어요. 출장 전에 저는 여행준비를 요청받았어요. 저는 전체 일정을 조정하고 발표에 대한 정보를 취합해서 제 노트북에 저장했죠. 저는 출발 전에 서류가방에 노트북을 넣었어요. 그런데 불행한 일이 일어났죠. 제 서류가방을 공항에서 도둑맞은 거예요. 당황했지만 다행히 동료 중 한 명이 우리에게 복사한 파일을 보내주었어요.

어휘 conference 학회   gather 모으다. 취합하다   briefcase 서류가방   fortunately 다행히

---

1. 위 지문에서 노란색으로 표시된 부분을 살펴보고 순서대로 의미군을 적어보세요.

> e.g. We were supposed to attend the conference on IT research.
> 우리는 / 계획되었다 / 참석하기로 / 학회에 / IT 연구에 관한

 영어식 사고 훈련이므로 반드시 해봅니다.

① It was scheduled to last two days. → _____

② I was asked to arrange the trip. → _____

③ My briefcase was stolen at the airport.

→ _____

2. 다음 질문에 대해 '나'와 관련된 내용을 간단하게 적으세요.

① 마지막 출장을 언제 & 어디로 갔는지 :

② 출장 가서 무슨 일이 있었는지 :

자세한 문법 내용을 배우기 전에 문법적인 지식을 확인해봅니다.

1. 각 문장에서 행위자가 누구인지 쓰세요. (행위자를 알 수 없으면 없다고 쓰세요.)

> e.g. Food must be left outside. → (일반적인 사람들)

① My bag and money were stolen.

② The man behind me stole my bag and money.

③ This document should be copied immediately.

④ Yujoo needs to copy this document immediately.

■ 위 문제에서 공통점이라 생각되는 부분 메모하기

자세한 설명은 **문법 익히기** 2. 수동태 상황 부분을 확인하세요.

2. 각 문장이 몇 형식인지 쓰세요.

① I used to teach children English.

② We asked them to send us an e-mail.

③ Just then, she saw the shop across the street.

④ They must keep the medicine out of the reach of children.

■ 위 문제에서 공통점이라 생각되는 부분 메모하기

자세한 설명은 **문법 익히기** 5. 형식별 수동태 형태 부분을 확인하세요.

3. 각 문장의 시제를 쓰세요.

① At that time, the building was being built.

② The guests will be invited to the reception.

③ All members of staff are supposed to wear a uniform.

④ I was surprised when I heard the news.

■ 위 문제에서 공통점이라 생각되는 부분 메모하기

자세한 설명은 **문법 익히기** 4. 수동태 시제 부분을 확인하세요.

4. 밑줄 친 부분에 유의해서 우리말로 해석하세요.

① His speech was quite <u>interesting</u>.

② We were quite <u>interested</u> in his speech.

③ The result was so <u>surprising</u>.

④ I was so <u>surprised</u> by the result.

■ 위 문제에서 공통점이라 생각되는 부분 메모하기

자세한 설명은 **문법 익히기** 6. 감정을 나타내는 수동태 부분을 확인하세요.

1. 수동태 vs. 능동태

앞서 우리가 배웠던 대부분의 문장들은 주어가 행동을 하는 행위자 역할을 했습니다. 이런 문장들을 능동태라고 합니다. 이와 상반된 개념이 바로 수동태입니다. 영어에서는 (특히, 문어에서) 수동태 문장이 많이 쓰입니다.

2. 수동태 상황

수동태는 어떤 상황에서 쓸까요? 여기에서는 행위자 관점에서만 살펴보겠습니다. 우리는 어떤 일을 얘기할 때 그 일의 행위자를 모르거나(a), 아니면 행위자가 일반인이어서 군이 언급할 필요가 없거나 (b), 또는 행위자가 중요하지 않는 경우입니다.

(a) My bag and money were stolen. (누가 가방과 돈을 훔쳤는지 알 수 없음)

(b) Food must be left outside. (일반적인 모든 사람에게 해당하는 내용)

(c) The paper should be copied immediately.
(복사하는 사람이 중요하지 않고 복사 하는 일이 더 중요함)

3. 수동태 형태

수동태 형태는 앞서 살펴본 예문에서 확인할 수 있듯이 [be동사+과거분사(p.p.)] 형태입니다. 수동태는 주어 자리에 오는 행위자에 대한 정보를 알 수 없기 때문에 능동태의 목적어 자리에 있는 내용을 주어 자리로 보내 그 중요성을 강조합니다.

능동태	주어 + 타동사 + 목적어
수동태	(목적어) + be+p.p.(과거분사) + (by+주어)

4. 수동태 시제

수동태 시제는 크게 단순시제와 진행시제로 나눌 수 있습니다. 그리고 각각 시제에 따라 과거, 현재, 미래로 나뉩니다. 진행시제의 경우 be동사와 p.p. 사이에 being이라는 단어가 또 하나 들어갑니다. 이는 진행형인 [be+-ing] 형태에 수동태인 [be+p.p.]가 결합한 형태입니다.

시제	수동태 단순	수동태 진행
과거(진행)	was, were + p.p.	was, were + being + p.p.
현재(진행)	is, am, are + p.p.	is, am, are + being + p.p.
미래(진행)	will be + p.p.	will be being + p.p.

5. 형식별 수동태 형태

수동태는 능동태의 목적어가 주어가 되기 때문에 목적어가 없는 자동사(1형식, 2형식)는 수동태를 만들 수 없습니다. 다음은 수동태를 만들 수 없는 1형식 동사들입니다.

disappear 사라지다	happen 일어나다. 발생하다	wait 기다리다
stay 머물다	talk 말하다	fall 떨어지다
walk 걷다	arrive 도착하다	sleep 자다
live 살다	go 가다. 작동이 되다	

자동사를 제외한 타동사만 수동태를 만들 수 있는데, 그 형태가 3형식부터 5형식에 따라 조금씩 다릅니다.

	3형식	4형식	5형식
능동태	주어+동사+목적어	주어+동사+간목+직목	주어+동사+목적어+보어
수동태	목적어+ **be+p.p.** +(전치사+주어)	간목+ **be+p.p.** +직목	목적어+ **be+p.p.** +보어

3형식이 가장 일반적인 형태로 주어가 목적어 자리로 갈 때는 전치사와 함께 갑니다. 이때 주어는 목적어 자리로 이동하기 때문에 목적격으로 바뀝니다. 4형식은 간접목적어가 주어 자리로 이동하는 것까지는 3형식과 같지만, 4형식의 직접목적어는 그 형태가 그대로 수동태 뒤에 나옵니다. 즉, 3형식처럼 전치사와 함께 쓰이지 않습니다. 5형식도 역시 목적어가 주어 자리로 이동하는 것은 같지만, 보어는 그대로 써줍니다. 보어가 형용사면 형용사로, to부정사였으면 to부정사로 써줍니다.

	3형식	4형식	5형식
능동태	She saw the shop.	I taught the children English.	He assigned my team to attend the conference.
수동태	The shop **was seen** by her.	The children **were taught** English.	My team **was assigned** to attend the conference.

6. 감정을 나타내는 수동태

수동태는 행위를 나타내는 것이 아니라 대상이 행위를 당하는 것을 보여줍니다. 그래서 감정에 관한 동사의 경우, 주어가 사람일 때 다른 사람이나 사물에 의해 감정을 겪기 때문에 수동태(p.p.)를 씁니다. 반면 감정을 불러일으키는 경우에는 진행형(-ing)을 씁니다.

e.g. **The result** was so **surprising.** (결과가 다른 사람을 놀라게 하므로 진행형을 씀)

I was so **surprised** by the result. (그 결과에 의해 놀란 것은 사람이므로 수동태를 씀)

<mark>7. 수동태에서 사용되는 전치사</mark>

3형식에서 수동태를 만들 때 전치사를 쓴다고 이야기했습니다. 대부분 전치사 by를 쓰지만 동사에 따라 by가 아닌 다른 전치사를 쓰는 것들이 있습니다. 아래 나온 단어들은 OPIc에서 자주 쓰이는 수동태와 전치사 표현입니다.

be exhausted from ～로 지치다	be tired from(of) ～로 지치다	be scared of ～를 무서워하다
be bored with ～가 지겹다	be done with ～를 마치다	be satisfied with ～를 만족하다
be prepared for ～를 준비하다	be qualified for ～에 적합하다	be known for ～로 유명하다
be opposed to ～에 반대하다	be limited to ～로 제한하다	be married to ～와 결혼하다

연습문제 학습한 내용을 문제를 통해 확인해봅니다.

1. 괄호 안의 단어를 활용해 문맥상 가장 적절한 시제의 수동태를 넣으세요.

> e.g. The copy machine (use) <u>was being used</u> by the manager yesterday.

① The issue (debate) _____ at the conference now.

② The result of the research (announce) _____ tomorrow.

③ The previous meeting (hold) _____ two years ago.

④ All the receipts must (turn) _____ in no later than at the end of the month.

2. 빈칸에 알맞은 전치사를 넣으세요.

> 보기   to   with   for   from

① We were exhausted _____ all the hard work.

② All the participants there became bored _____ the subject.

③ Everything was being prepared _____ the journey.

④ I was opposed _____ what he said.

3. 괄호 안의 단어를 활용하여 우리말에 맞도록 영어로 바꾸세요.

① 갑자기 해가 구름 뒤로 사라졌습니다. (disappear)

→ _____.

② 회의가 끝난 후에 저는 피곤해졌습니다. (tire)

→ _____.

③ 회원들은 회의 일정에 관한 소식을 받았습니다. (inform)

→ _____.

④ 누군가가 그 세미나를 준비해야 합니다. (organize)

→ _____.

앞에서 배운 문법 구조를 가진 다양한 표현들을 배워봅니다.

---

1. 사람 주어 + be told + to부정사 / that 절 ～라고 들었다

▶ tell은 '말하다'라는 의미지만 수동태로 쓰이면 '～라고 들었다'라고 해석합니다. told 뒤에는 to부정사나 that절이 올 수 있습니다. 당부를 할 때 주로 이런 형태가 많이 쓰입니다.

We **were told that** we should arrive on time. 우리는 정시에 도착해야 한다고 들었습니다.

I **was told to** prepare for the journey. 저는 여행을 위해 준비하라고 들었습니다.

She **was told** not **to** go to the place. 그녀는 그 장소에 가지 말아야 한다고 들었습니다.

---

2. 사람 주어 + be + given ～을 받다

▶ give는 '주다'라는 뜻이지만 수동태로 쓰면 반대로 '～을 받다'로 해석합니다. give가 4형식 동사이기 때문에 명사인 목적어가 바로 나올 수 있습니다.

We **were given** a proposal to review. 우리는 검토할 제의를 받았습니다.

They **were given** specific feedback on the project.
그들은 그 프로젝트에 대한 구체적인 피드백을 받았습니다.

The audience will **be given** 10 minutes to ask questions.
관객들에게는 10분간 질문할 시간이 주어질 것입니다.

---

3. 주어 + should have been + p.p. ～됐어야 했다

▶ should have p.p.는 과거 일에 대한 후회를 나타내는 능동태 문장입니다. been이 추가되면서 수동태 문장이 되었습니다.

His report **should have been sent** yesterday. 그의 보고서는 어제 보내졌어야 했습니다.

The decision **should have been made** earlier. 그 결정은 더 빨리 내려졌어야 했습니다.

This project **should have been discontinued** a few years ago.
이 프로젝트는 몇년 전에 중단됐어야 했습니다.

모범답안
확인하기

Q

지금까지 학습한 내용을 토대로 작성된 다른 답안을 확인해봅니다.

Tell me about the last time you went on a business trip. What did you do?

마지막으로 당신이 출장 갔을 때를 말해주세요. 그곳에서 당신은 무엇을 했나요?

다음 빈칸에 알맞은 단어를 넣어 답변을 완성하세요.

1. 공사장

`MP3 20-02`

The last time I went on a business trip was a month ago. I ❶_____ _____ to visit our new factory in the Philippines. The factory was ❷_____ built when I visited there. It ❸_____ _____ _____ finished a month earlier. So, I encouraged the staff to finish the work faster and supervised the building site every day during my stay. Fortunately, the progress increased, and then it was finally completed right before I came back.

마지막으로 저는 한 달 전에 출장을 갔어요. 저는 그때 필리핀에 있는 새 공장을 방문하라는 지시를 받았어요. 그 공장은 제가 방문했을 때 지어지고 있었어요. 공장은 한 달 전에 완성됐어야 했죠. 그래서 저는 직원들이 더 빨리 일하도록 격려하고, 그곳에 머무는 동안 매일 그 건축 현장을 감독했어요. 다행히도 진행은 더 빨라졌고, 제가 돌아가기 직전에 마침내 완성할 수 있었어요.

2. 발표

`MP3 20-03`

The Annual Conference on High Technology ❶_____ _____ at Busan earlier this month. My team was ❷_____ not only to attend but also to present our new product at the conference. We went to Busan the day before the conference to look around the conference hall and check that the equipment was working for our presentation. When we were there, I began to get nervous because I was the one giving the presentation on our new product. Although my presentation wasn't perfect, overall, I think it ❸_____ well.

매년 열리는 첨단기술에 관한 학회는 이번 달 초 부산에서 개최되었어요. 저희 팀에게는 회의에 참석하는 것뿐만 아니라 그 학회에서 우리 신상품을 발표하는 일까지 주어졌어요. 우리는 회의장을 둘러보고 우리 발표를 위해 장비가 잘 작동하는지 점검하기 위해 학회 전날 부산에 갔어요. 저는 학회장에 도착하자 점점 긴장이 됐어요. 왜냐하면 우리 신상품에 관한 발표를 제가 맡았거든요. 비록 발표가 완벽하진 않았지만 전반적으로 괜찮았다고 생각합니다.

영어로 인터뷰를 한다고 상상해봅시다. 다음 질문에 영어로 대답하고 여러분의 휴대폰에 녹음해 보세요. (3~4문장 정도 얘기합니다.)

Tell me about the last time you went on a business trip. What did you do?

마지막으로 당신이 출장 갔을 때를 말해주세요. 그곳에서 당신은 무엇을 했나요?

■ Your Answer

Self checkist ☑ 녹음 후 아래 내용이 포함됐는지 확인해봅니다.

1. 수동태를 알맞게 사용해 이야기했습니까? ☐

2. 이번 Chapter에서 배운 새로운 단어를 사용했습니까? ☐

3. 3문장 이상 이야기했습니까? ☐

유창한 발음을 위해서는 정확하게 발음하는 것과 함께 적절한 생략과 끊어 읽기는 필수 요소입니다. 영어에서 매우 일반적인 몇 가지 발음 규칙만 알아도 더 유창하게 말하는 데 도움이 됩니다.

🎧 MP3 발음 13

TIP#1 묵음 법칙으로 정확한 발음 구사

영어단어에서 발음이 되지 않는 철자들이 있습니다. 이것을 묵음이라고 합니다. 묵음 규칙에는 몇 가지가 있지만 여기에서는 여섯 가지만 살펴보겠습니다.

규칙 설명	예시
-e로 끝나는 단어에서 앞에 모음 하나 자음 하나인 경우 e는 묵음	ate, these, tune, ice
n 앞에 k는 묵음	know, knife, knock
단어 끝이 mb일 때 b는 묵음	climb, comb, lamb
mn으로 단어가 끝날 때 n은 묵음	column, damn, autumn
ps로 시작하는 단어에서 p는 묵음	psychology, psychiatry
h로 끝나는 단어 앞에 모음이 있는 경우 h는 묵음	Sarah, messiah

🎧 MP3 발음 14

TIP#2 유창한 발음을 위한 생략 법칙

영어로 빨리 말하게 되면 어떤 모음들은 거의 발음이 나지 않고 생략되는 경우가 있습니다. 이런 현상은 주로 [r, l, n] 자음 앞에 있는 모음들에서 일어납니다.

r 앞에 있는 모음 생략	l 앞에 있는 모음 생략	n 앞에 있는 모음 생략
dictionary	accidentally	personal
battery	especially	national
difference	family	traditional

연속되는 두 단어에서 발음의 효율성을 위해 일부 단어가 생략되는 현상이 있습니다.

① 단어 끝이 'd'인 경우, 뒤 따르는 단어의 시작이 자음과 연결됐을 때 [d] 생략

　　e.g. nee~~d~~ both, fin~~d~~ that, fix~~ed~~ my

② 대명사, 조동사, 그리고 의문사의 [h] 생략

　　e.g. meet ~~h~~im, ask ~~h~~er, we ~~h~~ave, She ~~h~~as

③ 자음 앞에서 전치사 of의 [v] 생략

　　e.g. a lot o~~f~~ papers, a friend o~~f~~ mine, a crowd o~~f~~ people

한 문장을 말할 때 우리는 눈에 보이는 띄어쓰기처럼 띄어 읽지 않습니다. 성격이 같은 단어들끼리 묶어서 끊어 읽습니다. 영어에서 끊어 읽기에 있어 규칙이 정해져 있는 것은 아니지만 더 자연스러운 조합이 있습니다. 주로 명사구 또는 전치사구 단위로 끊어 읽고, 접속사 앞에서 끊어 읽는 것이 일반적입니다. 그리고 주어가 길어질 경우에는 동사 앞에서 끊어 읽어줍니다.

I go to café // a couple of times a week // by myself. I really enjoy working // at a café. There are several reasons // why I like working // at a café. First of all, reading books // in a café // makes me more focused. Unless the café is located // near downtown, the café is usually quiet. Second, working at a café // is better than // at the library. To work with my laptop // at library, I have to reserve a lab // at least two days // in advance. It's very inconvenient // for me, though. These are the reasons // why I go to a café.

불규칙 동사표

현재 (SIMPLE FORM)	과거 (SIMPLE PAST)	과거 완료 (PAST PARTICIPLE)
be	was, were	been
begin	began	begun
choose	chose	chosen
do	did	done
drink	drank	drunk
eat	ate	eaten
forgive	forgave	forgiven
get	got	got/gotten
give	gave	given
know	knew	known
see	saw	seen
speak	spoke	spoken
take	took	taken
write	wrote	written
wear	wore	worn
ring	rang	rung
put	put	put
set	set	set
cost	cost	cost
let	let	let
put	put	put
meet	met	met
bring	brought	brought
buy	bought	bought
feel	felt	felt
find	found	found
hear	heard	heard
keep	kept	kept
leave	left	left
lose	lost	lost
make	made	made
say	said	said
sit	sat	sat
tell	told	told
become	became	become
come	came	come
run	ran	run

20일에 끝내는
OPIc Grammar
정답지

CHAPTER 01 Self-introduction

■ 어휘 쌓기

3. ① purchase　② throw
　③ earn　④ accept　⑤ reflect

■ 문법 체크

1. ① microchips　② water
　③ her　④ help

2. ① a　② b　③ a　④ a

3. ① student (나머지는 대명사)
　② is (나머지는 일반동사)
　③ event (나머지는 동사)
　④ drink (나머지는 be동사)

4. ① smartphone
　저는 스마트폰을 샀습니다. 그것은 비쌉니다.
　② Jane/teacher
　제 선생님은 Jane입니다. 그녀는 매우 친절해요.
　③ my sister and I
　제 동생과 저는 신선한 과일을 먹고 싶어서 시장에 가려고 합니다.
　④ an older brother
　저는 형이 한 명 있습니다. 그는 엔지니어입니다.

■ 연습문제

1. ① information 저는 정보가 필요해요.
　② game 제 아이들은 매일 저녁 비디오 게임을 합니다.
　③ apartment 우리는 주말마다 아파트를 청소합니다.
　④ walking 제 아내와 저는 산책을 좋아합니다.

2. ① He　② We
　③ them, they, me　④ her

3. ① I like romantic movies. 로맨틱한 영화를 좋아해요.
　② I have two bicycles. 자전거 두 대를 가지고 있어요.
　③ I remember the last scene.
　마지막 장면을 기억하고 있어요.
　④ I dislike my nose. 내 코가 마음에 들지 않아요.

■ 모범답안 확인하기

1. ① enjoy　② have　③ him　④ spend

2. ① enjoy　② have　③ them　④ spend
　⑤ reading

CHAPTER 02 Work/School

■ 어휘 쌓기

3. ① belong　② appeared　③ arrived
　④ fell　⑤ consists

■ 문법 체크

1. ① go　② belongs　③ stands　④ is

2. ① inconveniently　② away
　③ specialize　④ provide

3. ① 장소　② 시간　③ 방법　④ 장소

4. ① deal　② discuss　③ account　④ oppose

■ 연습문제

1. ① late, almost every day
　② here, to study English
　③ on my team, in the leader.
　④ to anyone

2. ① are　② is　③ is　④ are

3. ① 당신 회사의 본사는 어디에 있나요?

→ The headquarters is(are) located in the center of the town. 본사는 시내 중심에 있어요.

※ headquarters는 동사의 단복수를 모두 허용함

② 계열사가 몇 개나 있나요?

→ There are ten affiliates.

10개의 계열사가 있습니다.

③ 사람들은 그 회사에 어떻게 지원하나요?

→ People apply to the company in person.

사람들은 그 회사에 직접 지원해야 합니다.

④ 그 대학교 창시자의 동상은 어디에 있나요?

→ The statue of the founder of the university stands at the front of the school. 그 대학교 창시자의 동상은 학교 정면에 있습니다.

1. ① work for　　② as　　③ There are

2. ① majoring　　② located in　　③ There are

CHAPTER **03** Family

3. ① get　　② turns　　③ getting
④ came　　⑤ running

1. ① am　　② looks　　③ seem　　④ became

2. ① is strict　　　　② is chubby
③ is a workaholic　　④ are a family

3. ① a　　② b　　③ a　　④ b

4. ① sweet　　　　　② big and burly man
③ good-looking　　④ brilliant woman(girl)

1. ① guy　　② happy
③ teacher　　④ true

2. ① 목적어　　② 목적어　　③ 보어　　④ 보어

3. ① 식구가 몇 명입니까?

→ We're a family of four. / There are four people in my family. 네 식구입니다.

② 당신 아내의 직업은 무엇입니까?

→ She's a doctor. 그녀는 의사입니다.

③ 당신의 아버지는 어떻게 생기셨나요?
(외모를 묻는 질문)

→ He's short and stout.

아버지는 키가 작고 통통하십니다.

④ 어머니는 어떤 분입니까? (성격을 묻는 질문)

→ She's considerate. / She's a considerate woman. 어머니는 사려 깊습니다.

1. ① looks　　② like　　③ grown

2. ① growing　　② like　　③ can't

■ 어휘 쌓기

3. ① owe   ② offered   ③ left   ④ saved   ⑤ cost

■ 문법 체크

1. ① read   ② gave   ③ showed   ④ brought

2. ① them   ② job   ③ me   ④ favor

3. ① us, story-명사 2개   ② service-명사 1개
   ③ me, way-명사 2개   ④ rent-명사 1개

4. ① for James   ② to us   ③ of me   ④ to you

■ 연습문제

1. ① him(간접목적어),
   a significant reward(직접목적어)
   ② us(간접목적어), a new bicycle(직접목적어)
   ③ Jack and Mike(간접목적어),
   a wonderful meal(직접목적어)
   ④ us(간접목적어), three hours(직접목적어)

2. ① teaches(동사) the boys(명사)
   everything(명사) – 4형식
   ② moved(동사) - 1형식
   ③ has(동사) computer games(명사) - 3형식

④ show(동사) younger people(명사)
   the ropes(명사) - 4형식

3. ① 그녀에게 무엇을 주었나요?
   → I gave her a bouquet of flowers.
   저는 그녀에게 꽃다발을 주었어요.

② 누구를 위해 스파게티를 요리했나요?
   → I cook my aunt spaghetti.
   / I cook spaghetti for my aunt.
   저는 이모에게 스파게티를 요리해주었습니다.

③ 친구에게 무엇을 보낼 건가요?
   → I'll send him/her a postcard.
   / I'll send a postcard to him/her.
   저는 제 친구에게 엽서를 보낼 거예요.

④ 그는 학생들에게 무엇을 가르치나요?
   → He teaches his students the Korean
   Alphabet.
   / He teaches the Korean Alphabet to
   his students. 그는 학생들에게 한글을 가르쳐요.

■ 모범답안 확인하기

1. ① gives   ② shows   ③ envy

2. ① gives   ① a hand   ② respect

■ 어휘 쌓기

3. ① named   ② call   ③ elected
   ④ found   ⑤ makes

■ 문법 체크

1. ① call   ② made   ③ keeps   ④ named

2. ① the opportunity important
   ② the walls pink
   ③ everything to be perfect
   ④ the bright lights in the room uncomfortable

3. ① 동사/명사/형용사   ② 동사/대명사/형용사
   ③ 동사/대명사/명사   ④ 동사/명사/형용사(과거분사)

4. ① b) 제 차를 수리 맡기려 해요.

② a) 그는 그것을 단정하고 깔끔하게 만들었어요.

③ a) 다시 한 번 하게 해주세요.

④ a) 그 색깔은 큰 차이를 만듭니다.

■ 연습문제

1. ① 목적격 보어, 그녀는 저를 행복하게 합니다.

② 주격 보어, 이 신발들은 편합니다.

③ 목적격 보어, 저는 그 이야기가 재미있다는 것을 알았습니다.

④ 목적격 보어, 저희 어머니는 항상 집을 깨끗하고 깔끔하게 유지합니다.

2. ① 4형식, 그들은 그 지원자에게 제안을 하나 했습니다.

② 5형식, 우리는 그의 소지품을 정리해서 방을 더 크게 만들었습니다.

③ 5형식, 주식에 투자하기로 한 결정은 그녀를 부유한 여성으로 만들었습니다.

④ 4형식, 그는 그녀에게 커피를 타주었습니다.

3. ① 그는 어떤 색깔로 침실을 칠했나요?

→ He painted his bedroom blue.

그는 침실을 파란색으로 칠했어요.

② 무엇이 당신을 행복하게 하나요?

→ Watching TV makes me happy.

TV 보는 것은 저를 행복하게 해요.

③ 당신을 뭐라고 불러야 하죠?

→ Please call me Alice. Alice라고 부르세요.

④ 옥상 정원은 당신에게 어떤 기분이 들게 하나요?

→ It makes me feel relaxed.

옥상 정원은 제 기분을 편안하게 해줍니다.

■ 모범답안 확인하기

1. ① keeps　② feel　③ find

2. ① makes　② think　③ to sleep

CHAPTER 06 Cooking

■ 어휘 쌓기

3. ① heated　② added　③ drained

④ placed　⑤ broiled

■ 문법 체크

1. ① yesterday　② last week

③ three days ago　④ the other day

2. [과거 문장]

I went to a supermarket with my kids yesterday. We usually go grocery shopping once a week. We always prepare a shopping list before we leave the house. My kids eat cereal every morning and my husband likes to have fresh fruit for lunch so we bought cereal, milk, and some fresh fruit. After we finished shopping, we had lunch in the market. By the time we got home, we were very tired.

[해석] 어제 저는 아이들과 함께 슈퍼마켓에 갔습니다. 우리는 보통 일주일에 한 번 식료품을 사러 가게에 갑니다. 우리는 집을 나서기 전에 항상 쇼핑 목록을 준비합니다. 아이들은 매일 아침 항상 시리얼을 먹습니다. 그리고 남편은 점심으로 신선한 과일 먹는 것을 좋아합니다. 그래서 우리는 시리얼과 우유, 그리고 과일들을 샀습니다. 쇼핑을 마친 후에 우리는 마트에서 점심을 먹었습니다. 집에 왔을 때쯤 우리는 매우 지쳐있었습니다.

3. ① b　② b　③ a　④ a

4. ① 복수(They)　② 단수(My friend)

③ 복수(We)　④ 단수(She)

■ 연습문제

1. ① felt　② liked, made　③ ate　④ gives

2. ① was taking　② grilled

③ were going　④ was making, set

3. ① 당신은 어제 무엇을 했나요?

→ I went shopping yesterday.

저는 어제 쇼핑을 했어요.

② 당신은 어제 7시에 무엇을 하고 있었나요?

→ I was watching TV at that time.

저는 그 시간에 TV를 보고 있었어요.

③ 당신이 방문했을 때 당신의 친구는 무엇을 하고 있었나요?

→ My friend was sleeping.

제 친구는 잠을 자고 있었어요.

④ 지난 토요일에 당신의 가족은 무엇을 샀나요?

→ My family bought some fruits and vegetables. 우리 가족은 과일과 야채를 샀습니다.

■ **모범답안 확인하기**

1. ① planned　　② to be　　③ preparing

2. ① used　　② looked　　③ started

CHAPTER **07** Typical Day

■ **어휘 쌓기**

3. ① leave　　② get to　　③ do
④ attend　　⑤ dealing

■ **문법 체크**

1. ① 이번 학기에 저는 아침 9시에 수업이 있습니다.
(일반적인 사실)

② 모든 직원은 개인 컴퓨터를 가지고 있습니다.
(일반적인 사실)

③ 저는 항상 일을 하기 전에 커피숍에 들릅니다.
(반복된 행동)

④ 우리는 매일 저녁 운동을 합니다.
(반복된 행동)

2. ① 그녀는 대학교 4학년입니다.
② 교수님은 책을 들고 있습니다.
③ 저는 지금 당장 배가 고픕니다.
④ 저는 복사기를 사용하고 있습니다.

3. (Jane-Dean-Chris-Andrea)
① (1) Jane은 항상 아침마다 차를 마십니다.
② (4) Andrea는 아침에 절대 차를 마시지 않습니다.
③ (2) Dean은 보통 아침에 차를 마십니다.
④ (3) Chris는 종종 아침에 차를 마십니다.

4. ① 복수(We)　　　② 복수(The students)
③ 단수(My manager)　④ 단수(I)

■ **연습문제**

1. ① am seeing 저는 요즘 만나는 사람이 있습니다.
(특정 기간 동안 진행되는 행동 묘사)
② am getting 저는 지금 출근 준비를 하고 있습니다.
(현재 상황 묘사)
③ takes 보통 1시간 정도 걸립니다. (일반적인 사실 묘사)
④ leave 저는 매일 8시에 출근합니다. (반복되는 활동 묘사)

2. ① (is cleaning → cleans)
그녀는 매일 아침 사무실을 청소합니다.

② (involve → involves)
제 일은 문제 해결하는 것을 수반/포함합니다.

③ (having → have)
신입사원은 일주일에 한 번 교육과정을 가집니다.

④ (is varying → varies) 학교에서 제 일정은 매일 다릅니다.

3. ① 당신은 점심식사 후에 보통 무엇을 하나요?
→ I usually take a walk. 저는 보통 산책을 합니다.

② 그녀는 지금 무엇을 하고 있나요?
→ She's taking a rest now.
그녀는 지금 쉬고 있습니다.

③ 당신의 일은 무엇과 관련 있나요?
→ My work involves keeping records.
제 일은 기록을 남기는 일과 관련 있습니다.

④ 당신은 무엇을 하고 있나요?
→ I'm doing paperwork.
저는 서류작업을 하는 중입니다.

1. ① work on　② go to

2. ① work on　② go to

CHAPTER **08** **Travelling**

■ **어휘 쌓기**

3. ① pack　② taking　③ reserve
　④ apply　⑤ canceling

■ **문법 체크**

1. ① (현재) 저는 지금 일하지 않고 있습니다.

　② (미래) 이번 주 금요일에 저 일 안 해요. 어디든 가요.

　③ (현재) 지금 그녀는 한국 남해를 여행 중입니다.

　④ (미래) 이번 여름에 그녀는 한국 남쪽 지역을 여행할 겁니다. 그녀
　　는 이미 기차표를 구입했습니다.

2. ① (가다) 우리는 집들이에 갈 것입니다.

　② (가다) 저는 배낭여행을 갔었습니다.

　③ (할 것이다) 남편과 저는 다음 주에 도시에서 머물 예정입니다.

　④ (할 것이다) 그들은 방을 예약할 것입니다.

3. ① A : Let's go to the movies tonight.
　　　오늘밤 영화 보러 가요.

　B : Sorry, but I'm having dinner with my
　　　parents. (확정–이미 계획이 되어 있음)
　　　미안하지만 저는 부모님과 저녁식사를 하기로 되어 있어요.

　② A : Do you have any plans for this
　　　weekend? 이번 주에 계획이 있나요?

　B : Well, I'm going to go to my sister's.
　　　(미확정–정해진 것은 없지만 갈 계획은 있었음)
　　　글쎄요, 저는 여동생의 집에 갈 것 같아요.

　③ A : When are you meeting the guide?
　　　가이드와 언제 만나기로 했나요?

　B : I'm meeting the guide this Friday
　　　afternoon. (확정–이미 계획이 되어 있음)
　　　이번 금요일 오후에 가이드와 만나기로 했어요.

　④ A : When are you going to leave?
　　　당신은 언제 떠나나요?

　B : Well, I'm not sure. I'm going to leave at
　　　around seven o'clock. (미확정–정해진 것은
　　　없지만 7시에 갈 마음은 있었음) 글쎄요, 확실하진 않아
　　　요. 저는 7시쯤에 떠날 것 같아요.

4. ① (말하는 순간) 전화가 울리고 있어요. 제가 받을게요.

　② (말하기 이전에) 저는 내일 쉬어요. 그래서 내일 차를 빌리려고요.

　③ (말하기 이전에) 어제 제 여권이 만료됐다는 걸 알았어요. 그래
　　서 저는 다음 월요일에 여권을 갱신할 거예요.

　④ (말하는 순간) 저는 방금 이번 주 금요일에 늦게까지 일해야 한
　　다는 얘기를 들었어요. 저는 그 쇼의 티켓을 취소해야겠어요.

■ **연습문제**

1. ① are going 제 친구가 항공권을 구입했어요. 그래서 우리는 다
　　음 주에 도쿄에 가기로 했어요.

　② will be 저는 이번 주에 계획이 없어요. 저는 이번 주에 집에 있
　　을 거예요.

　③ am going to watch 제가 가장 좋아하는 쇼가 오늘 밤 나
　　와요. 저는 집에서 TV를 보려고요.

　④ am leaving 제 항공권을 예매했어요. 내일 아침에 떠날 거예요.

2. ① am applying 저는 월요일에 여권을 신청할 겁니다.

　② am booking 화요일에 항공권을 예약할 겁니다.

　③ am renting a car. 목요일에 저는 차를 빌릴 예정입니다.

　④ am leaving for Bali 저는 금요일에 발리로 떠날 예정입니다.

3. ① 여행사에 전화했어요?

　→ No, I'm going to call them(the travel
　　agency) tonight.
　　아니요, 저는 오늘 밤에 여행사에 전화하려고요.

② 호텔에 투숙 수속을 밟았나요?

→ No, I'm going to check in later.

아니요, 나중에 투숙 수속 하려고요.

③ 중국으로 가는 비행기 시간이 언제죠?

→ I'm flying at nine.

저는 9시에 중국으로 가는 비행기를 타기로 되어 있어요.

④ 당신은 이번 여름 휴가에 무엇을 할 건가요?

→ I haven't decided yet. I'm thinking of visiting(going to) Europe.

아직 결정하지 않았어요. 저는 유럽을 방문할까 해요.

1. ① taking   ② book   ③ will('ll)

2. ① confirm   ② are('re) leaving   ③ will be

CHAPTER 09 TV/DVD

■ 어휘 쌓기

3. ① hosts ② part ③ aired ④ flipped ⑤ missed

■ 문법 체크

1. ① can be found   ② should check

③ may watch   ④ must be

2. ① (허가) 당신은 테이블 위에 있는 리모컨을 사용할 수 있습니다.

② (가능성) 만약 2시까지 집에 도착한다면 우리는 그 쇼를 볼 수 있습니다.

③ (허가) 만약 원한다면 당신은 저와 함께 갈 수 있습니다.

④ (능력) 그들은 그 두 영화 사이의 차이점을 구분할 수 있습니다.

3. (① 〉② 〉③ = ④)

① 그 다큐멘터리는 오늘 밤 TV에서 방영합니다.

② 그 다큐멘터리는 오늘 밤 TV에서 방영함이 틀림 없습니다.

③ 그 다큐멘터리는 오늘 밤 TV에서 방영할지도 모릅니다.

④ 그 다큐멘터리는 오늘 밤 TV에서 방영할 수도 있습니다.

4. ① (과거) 상황은 악화될 수도 있었습니다.

② (현재) 당신은 인터넷에서 동영상을 다운로드 할 수 있습니다.

③ (과거) 그녀는 집에서 TV를 봤었을지도 모릅니다.

④ (과거) 저는 일찍 잤어야 했습니다.

■ 연습문제

1. ① (came → come) 그녀는 일찍 집에 가야 합니다.

② (prepares → prepare)

그들은 퀴즈를 위해 준비해야 합니다.

③ (mays → may) 그는 안경을 썼을 것입니다.

④ (been → be) 농담이겠죠.

2. ① were able to/could

그들은 시간이 되기 전에 일을 끝낼 수 있었습니다.

② should

모든 손님은 문제를 풀기 위해 최선을 다해야 합니다.

③ can

그들은 크게 노래를 하는 중이었고 그래서, 우리는 그것을 들을 수 있었습니다.

④ may/might/could

확실하진 않지만 그는 예전에 TV에서 등장했을 겁니다.

3. ① A : 저는 이탈리아에 흥미가 있어요. 지난 밤에 이탈리아에 관한 다큐멘터리를 못 봤어요.

B: You should have watched the documentary. 당신은 그 다큐멘터리를 봤어야 했어요.

② A : 갑자기, 그 배우가 연극에서 아무런 말도 하지 않았어요.

B: The actor must have forgotten his lines. 그 배우는 그의 대사를 까먹었음에 틀림없어요.

③ A : 저는 그녀가 자살한 이유가 궁금해요.

B: She might have suffered from depression. 그녀는 우울증을 앓았을지도 몰라요.

④ A : 그 여배우는 최근 토크쇼에 나왔어요.

B : She must have starred in a movie.

그녀가 영화를 찍은 게 틀림없군요.

■ 모범답안 확인하기

1. ① should　　② must　　③ be

2. ① be　　　　② got　　　③ can

CHAPTER **10** **Healthy Person**

■ 어휘 쌓기

3. ① exercise　　② keep　　　③ give up
　　④ skip　　　　⑤ overeats

■ 문법 체크

1. ① (형용사) 저는 운이 나빴습니다.
　② (명사) 그녀는 환자가 아닙니다.
　③ (명사) 그들은 10대가 아닙니다.
　④ (형용사) 우리는 피곤하지 않았습니다.

2. ① 저는 과체중이라 잘 뛰지 않았습니다.
　② 사람들은 아침 먹을 시간이 거의 없습니다.
　③ 많은 여성이 하루에 물 8잔 마시기를 거의 어려워합니다.
　④ 그녀는 야채를 거의 먹지 않습니다.

3. ① (단수) 그녀는 살을 뺄 필요가 없습니다.
　② (단수) 저는 튀긴 음식을 좋아하지 않습니다.
　③ (복수) 그들은 규칙적으로 운동을 하지 않습니다.
　④ (단수) James는 도시에서 사는 것을 원하지 않습니다.

4. ① (not) 저는 돈이 없습니다.
　② (no) 저는 당신과 이야기할 시간이 없습니다.
　③ (no) 저는 이번 주말에 계획이 없습니다.
　④ (not) 저는 오랫동안 그녀를 보지 못했습니다.

■ 연습문제

1. ① (don't) 일반적으로 사람들은 그들이 무엇을 먹는지 신경 쓰지 않습니다.
　② (didn't) 그녀가 20대였을 때 그녀는 균형 있는 식사를 하지 않았습니다.
　③ (doesn't) Ms. Kim은 요즘 충분히 잠을 자지 못합니다.
　④ (doesn't) 유기농 음식은 많이 비싸지 않습니다.

2. ① aren't (are not)　　　② doesn't (does not)
　③ hardly ever (hardly)　④ never

3. ① You should not eat too much meat.
　　당신은 고기를 너무 많이 먹지 말아야 합니다.

　② I didn't(did not) have any digestive problems. 저는 소화에 관한 어떤 문제도 없었습니다.

　③ They couldn't(could not) stop sneezing.
　　그들은 재채기를 멈출 수 없었습니다.

　④ He wasn't(was not) a heavy smoker.
　　그는 골초가 아니었습니다.

■ 모범답안 확인하기

1. ① nothing　　② hardly
　③ will not be(won't be)

2. ① have to　　② never　　③ help

■ **어휘 쌓기**

3. ① prefer　② provide　③ keep
　④ rent　⑤ look for

■ **문법 체크**

1. ① (live-일반동사) 저는 이층집에 살고 있습니다.
　② (stayed-일반동사) 그들은 며칠 동안 호텔에서 머물렀습니다.
　③ (is-be동사) 그녀는 집세가 오르는 것을 걱정하고 있습니다.
　④ (see-일반동사) 우리는 그 장소를 보지 못했습니다.

2. ① (과거) 당신은 룸메이트를 찾았나요?
　② (현재) 당신의 고양이는 밖에서 기르나요, 집안에서 기르나요?
　③ (현재) 방문객들은 주차허가증이 필요한가요?
　④ (과거) 집주인이 열쇠를 주었나요?

3. ① 주어(he)가 단수, 그는 유니폼을 입나요?
　② 주어(the students)가 복수, 학생들은 많이 연습하나요?
　③ 주어(you)는 단수지만 예외적으로 do 동사를 씀.
　　당신은 도움이 필요한가요?
　④ 주어(anyone else)가 단수,
　　강 주변에 다른 누군가가 살고 있나요?

4. ① 그 도시 이름을 기억 못한다고요? 지난 주말에 다녀
　　왔잖아요.
　② 저는 당신이 시험에 떨어졌단 것을 믿을 수 없어요.
　　열심히 공부한 것 아니었어요?
　③ 당신의 어머니가 은행에서 일하는 것 아닌가요? 저
　　는 그녀가 은행에서 일한다고 생각했어요.
　④ 왜 당신이 여기 있어요? 학교에 간 것 아니었어요?

■ **연습문제**

1. ① (Does) 그는 집에서 일하나요?
　② (Does) Ms. Lee는 야간에 활기차게 움직이는 것을 좋아하나요?
　③ (Do) 당신은 특별히 생각해 둔 것이 있나요?
　④ (Do) 그들은 보통 걸어서 출근하나요?

2. ① Does he take out the garbage every day?
　　그는 매일 쓰레기를 버리나요?
　② Did your wife drive to work this morning?
　　오늘 아침 당신 아내가 운전해서 출근했나요?
　③ Do many people use key cards?
　　많은 사람이 카드키를 사용하나요?
　④ Did the plumber fix the pipe yesterday?
　　배관공이 어제 파이프를 고쳤나요?

3. ① Do your children like living in an
　　apartment?
　　당신의 아이들은 아파트에서 사는 것을 좋아하나요?
　② Do you have a swimming pool?
　　당신들은 수영장을 가지고 있나요?
　③ Did you go camping last weekend?
　　당신은 지난 주말에 캠핑을 갔나요?
　④ Does the city bus allow bikes to be
　　carried on? 시내버스가 자전거를 싣게 해주나요?

■ **모범답안 확인하기**

1. ① did　② Does　③ Do

2. ① happen　② to　③ have

CHAPTER 12 Role-play (Reservation)

■ 어휘 쌓기

3. ① available　② have　③ playground
④ by card　⑤ included

■ 문법 체크

1. ① (am-be동사) 저는 디저트 먹을 준비가 되었어요.
② (is-be동사) 그녀는 채식주의자가 아닙니다.
③ (are-be동사) 당신은 거기 음식에 절대 만족하지 않을 거예요.
④ (want-일반동사) 저희 부모님은 저녁으로 비프스테이크를 원하세요.

2. ① (미래) 언제 저희를 방문하실 건가요?
② (현재) 오늘밤 자리가 있나요?
③ (현재) 주문하시겠어요?
④ (현재) 정말 당신인가요?

3. ① 목적어: some tea 차 드시겠어요?
② 목적어: to join 함께 할래요?
③ 목적어: to move 조용한 장소로 이동하실래요?
④ 목적어: a room 바다가 보이는 방을 원하세요?

4. ① (권유) 디저트 하시겠어요?
② (권유) 커피 한 잔 더 하시겠어요?
③ (부탁) 물 한 잔만 주시겠어요?
④ (부탁) 계산서 갖다 주시겠어요?

■ 연습문제

1. ① (Are) 이 사진들은 당신 것인가요?

② (Is) 당신의 아이가 5살인가요?
③ (Are) 당신이 Mr. Kim인가요?
④ (Is) 구석에 앉아 계신 여성분이 당신의 친구인가요?

2. ① Are you a manager of this restaurant?
당신이 이 레스토랑의 매니저인가요?
② Aren't you available tonight?
오늘밤 가능하지 않나요?
③ Will you be arriving at seven tomorrow evening? 내일 저녁 7시에 도착할 건가요?
④ Are there tables by the window?
창가에 자리가 있나요?

3. ① Is there a table for four outside?
야외에 4인 자리가 있나요?
② Would you like to join me for dinner?
저와 함께 저녁 하시겠어요?
③ Can/Could you offer me a discount?
할인해줄 수 있나요?
④ Is the restaurant far from the subway station? 그 레스토랑이 지하철역에서 먼가요?

■ 모범답안 확인하기

1. ① this　② book　③ take(accept)
2. ① there　② Could　③ be

CHAPTER 13 Role-play (Suggestion)

■ 어휘 쌓기

3. ① cost　② went　③ make it
④ reach　⑤ make

■ 문법 체크

1. ① b　② a　③ a　④ a

2. ① A: How tall is he? 그는 키가 몇인가요?
B: Five foot nine. 5피트 9인치요.

② A: How long do we have to wait?

우리가 얼마나 기다려야 하나요?

B: About twenty minutes. 약 20분 정도요.

③ A: How many people are there?

몇 사람이나 있나요?

B: I guess there are about ten people.

제 생각엔 10명 정도 있는 것 같아요.

④ A: How soon can you come here?

얼마나 빨리 여기에 올 수 있나요?

B: In five minutes. 5분 후에요.

3. ① b ② a ③ a ④ b

4. ① (무엇) 무슨 디저트를 원하세요?

② (~것) 저는 그들이 말했던 것을 기억하지 못해요.

③ (~것) 제가 주문한 것은 이게 아니에요.

④ (무엇) 제가 뭘 해야 하죠?

■ 연습문제

1. ① (Whom) 당신은 누구를 초대할 예정인가요?

② (Who) 누가 어제 예약을 받았죠?

③ (Whom) 누구에게 이야기를 해야 하는 건가요?

④ (Whose) 구석에 있는 차는 누구의 것인가요?

2. ① Could you tell me what time you'll come?

몇 시에 올 것인지 말해줄 수 있나요?

② Do you know how much it is?

얼마인지 알고 있나요?

③ Can you tell me where the restroom is?

화장실이 어디에 있는지 말해줄 수 있나요?

④ Could you tell me what I should do?

제가 무엇을 해야 하는지 말해줄 수 있나요?

3. ① How much does it cost? 얼마인가요?

→ Twenty dollars a person. 1인당 20달러입니다.

② Where can I reach you?

당신에게 어디로 연락할 수 있나요?

→ You can reach me at 010-323-8989.

010-323-8989로 연락하면 돼요.

③ How many will be in your party? 일행이 몇 명이죠?

→ There will be six of us. 6명입니다.

④ How long does it take to boil ramen?

라면을 끓이는 데 얼마나 걸리나요?

→ It takes about 5 minutes. 5분 정도 걸려요.

■ 모범답안 확인하기

1. ① come ② think ③ about

2. ① about ② should ③ will take('ll take)

CHAPTER **14** Movies

■ 어휘 쌓기

3. ① went ② ran ③ stand ④ goes ⑤ forget

■ 문법 체크

1. ① 주어 : we, 목적어 : ticket 우리는 또 하나의 표를 샀습니다.

② 주어 : they, 목적어 : man

그들은 그의 뒤에 서 있는 남자를 봤습니다.

③ 주어 : children, 목적어 : game

아이들은 오락실에서 게임을 하고 있었습니다.

④ 주어: woman, 목적어: receipt

스낵 바에 있던 여자가 영수증을 들고 있었습니다.

2. ① My four-year-old nephew

② A young couple

③ Parents' day

④ All the people

3. ① a ② b ③ a ④ b

4. ① (목적어) 저는 사실을 바탕으로 한 영화를 좋아합니다.

② (보어) 그는 파란색 셔츠를 입은 남자입니다.

③ (주어) 그녀의 달콤한 목소리가 침묵을 깼습니다.

④ (주어) 영화관에 있던 많은 사람이 울고 있었습니다.

■ 연습문제

1. ① the noise of the traffic 교통 소음

② seats in the back 뒷좌석

③ a story with a sad ending 슬픈 결말이 있는 이야기

④ a princess living in the attic 다락방에 사는 공주

2. ① (a) 줄 서 있는 여자가 있습니다.

② (great) 멋진 사람이야기입니다.

③ (lots of) 그들은 재미난 얘기를 많이 했습니다.

④ (talking) 저는 매니저에게 얘기를 하고 있던 남자를 기억합니다.

3. ① the vending machine next to us

② a lot of(lots of, many) people in front of the movie theater(cinema)

③ a/the wallet on the table

④ a/the little kid with the yellow umbrella

■ 모범답안 확인하기

1. ① something　　　　　② out

③ how terrible I felt

2. ① five-minute　　　　② in black

③ people in the theater

CHAPTER **15** SNS

■ 어휘 쌓기

3. ① create　　② post　　③ scroll

④ subscribe　　⑤ register

■ 문법 체크

1. ① (new events)

사람들은 매일 아침 새로운 일들을 찾을 수 있어요.

② (new friends, my friends list)

저는 친구 목록에 새 친구를 추가할 수 있어요.

③ (the messages)

그 메시지는 직장 사람들로부터 온 거였어요.

④ (All the SNS platforms, their photos and videos, their friends) 모든 SNS 플랫폼은 사용자들이 사진과 동영상을 친구들과 공유할 수 있게 해줍니다.

2. ① (a boy) 저는 하얀 머리 소년을 보았습니다.

② (the lid) 그녀는 박스의 뚜껑을 열었습니다.

③ (the desk)

아무도 구석에 있는 책상을 사용하지 않습니다.

④ (some questions) 우리는 이것을 사용하는 방법에 관한 몇 가지 질문을 했습니다.

3. ① (장소) 저는 보통 출퇴근 길에 지하철에서 이것을 사용합니다.

② (방법) 많은 사람은 인스턴트 메시지를 SNS로 교환할 수 있습니다.

③ (시간) 몇몇 십대들은 심지어 잠시라도 휴대전화 사용하는 것을 멈출 수 없습니다.

④ (장소) 저는 뉴스에서 흥미로운 사진을 찾았습니다.

4. ① (a) 야외활동은 비 때문에 취소되었습니다.

② (a) 저는 시간이 없기 때문에 서둘러야 합니다.

③ (a) 바쁜 일정에도 불구하고 저는 페이스북 업데이트를 항상 확인합니다.

④ (b) 저는 알림 설정을 껐음에도 불구하고 여전히 알림을 받고 있습니다.

■ 연습문제

1. ① (during) 저는 보통 낮 시간 동안은 SNS를 사용하지 않아요.

② (until) 금요일까지 우리는 없을 거예요.

③ (at) 저는 10월 말에 팟캐스트를 올릴 거예요.

④ (on) 그들은 목요일마다 회의를 합니다.

2. ① (at home → home) 저는 집에 오면 태블릿을 켭니다.

② (for → before)

우리는 영화 시작 전에 휴대전화를 꺼야 합니다.

③ (on this Friday → this Friday)

저는 이번 주 금요일에 여행을 갈 거예요.

④ (to home → home)

저는 집에 오는 길에 서점에 들르곤 했어요.

3. ① Please click the button at the bottom of the screen.

② I've added people from work to our group conversation.

③ I post a lot of photos of my everyday life and share them with my friends.

④ It's easy to find people with the same interests on the Internet.

■ 모범답안 확인하기

1. ① in   ② On the whole   ③ As for
2. ① of keeping   ② every   ③ on

CHAPTER 16 Café

■ 어휘 쌓기

3. ① causes   ② regret   ③ ended up
   ④ mind   ⑤ apologized

■ 문법 체크

1. ① (I – 주어, working – 목적어)

저는 카페에서 일하는 것을 정말 즐깁니다.

② (It – 주어, easier - 보어)

카페에 있을 때 책 읽는 것에 집중하기가 더 수월합니다.

③ (Reading – 주어, better - 보어)

카페에서 책을 읽는 것이 도서관에서 읽는 것보다 낫습니다.

④ (the place – 주어, relaxing – 보어)

그 장소는 훨씬 편안해 보입니다.

2. ①, ④

① 저는 노래를 들으면서 동시에 책 읽는 것에 익숙합니다.

② 우리는 그렇게 비싼 자동차를 살 여유가 없습니다.

③ 그녀는 책을 가져오는 것을 잊어버렸습니다.

④ 저는 당신을 만나기를 고대합니다.

3. ① 커피를 너무 많이 마시면 두통이 생깁니다.

② 저는 두 여자가 서로 이야기하고 있는 것을 보았습니다.

③ 우리는 방금 그 놀라운 소식을 들었습니다.

④ 저는 카페에서 일하는 것을 좋아합니다.

4. ① (무료 Wi-Fi를 사용하는 것) 사람들은 그곳에서 Wi-Fi를 무료로 사용할 수 있습니다. 그것은 꽤 편리합니다.

② (아이들이 뛰어다니는 것) 카페에서 몇몇 아이들이 뛰어다녔습니다. 그것은 저를 짜증나게 했습니다.

③ (음악을 듣는 것)

저는 음악 듣는 걸 좋아합니다. 저는 그것을 즐깁니다.

④ (손을 씻는 것)

사람들은 식사 전에 손을 씻어야 합니다. 그것은 중요합니다.

■ 연습문제

1. ① (having spilled → spilling)

그들은 어제 제 노트북에 커피를 엎지른 것에 대해 사과했습니다.

② (not of ordering → of not ordering)

저는 음료를 주문하지 말까 생각 중입니다.

③ (aren't → isn't)

테이블을 2개 차지하는 것은 허용되지 않습니다.

④ (to go → to going)

저는 카페에 혼자 가는 것에 익숙합니다.

2. ① (of/about going) 저는 커피숍에 갈까 생각 중입니다.

② (in taking) 그녀는 자연 사진을 찍는 것에 흥미가 있습니다.

③ (for helping) 도와주셔서 감사합니다.

④ (about learning)

그들은 언어를 배우는 것에 대해 이야기했습니다.

3. ① Not checking your receipt may cause a problem.

② I regret having said so.

③ I'm worried about being late for the meeting.

④ She has a good reason for not drinking tea.

1. ① meeting ② finding ③ makes

2. ① Reading ② busy reading ③ watching

CHAPTER **17** Parks

■ 어휘 쌓기

3. ① bumped into ② put up ③ gave up
④ walk ⑤ wear

■ 문법 체크

1. ① (I – 주어, to go – 목적어)

저는 강가에 있는 공원에 가는 것을 좋아합니다.

② (They – 주어, to have – 보어)

그들은 즐거운 것처럼 보입니다.

③ (My life-long dream – 주어, to visit – 보어)

대공원에 방문하는 것이 제 오랜 꿈입니다.

④ (I – 주어, not to be late – 목적어)

저는 피크닉을 위해 늦지 않을 것을 약속합니다.

2. ① (opportunities) 공원은 아이들이 놀만한 셀 수 없이 많은 활동을 제공합니다.

② (something) 그들은 마실 무언가가 필요합니다.

③ (a place) 앉을 자리를 찾고 있는 사람들을 볼 수 있습니다.

④ (anything) 저는 마땅히 입을 옷이 없습니다.

3. ① 우리는 보통 저녁을 먹고 운동을 하기 위해 공원에 갑니다.

② 저는 마음의 여유를 갖기 위해 오솔길을 따라 산책하곤 했습니다.

③ 그녀는 러시아워를 피하기 위해 일찍 출발했습니다.

④ 그들은 친구들을 만나기 위해 문 앞에서 기다리고 있던 중이었습니다.

4. ① (온라인에서 가격 비교하는 것)

온라인에서 가격 비교하는 것은 쉽습니다.

② (그늘에서 쉬는 것) 그늘에서 쉬는 것이 좋습니다.

③ (앉을 만한 장소를 찾는 것) 앉을 장소를 찾는 것은 어렵습니다.

④ (저를 도와준 것) 저를 도와주시다니 정말 감사합니다.

■ 연습문제

1. ① (to visiting → to visit)

그들은 공원에 가기로 결정했습니다.

② (to me → me)

저희 부모님은 제가 일찍 떠날 수 있게 해주셨습니다.

③ (to back → to be back)

머지 않아 우리가 다시 만날 수 있기를 바랍니다.

④ (to not feed → not to feed)

그는 동물원에서 동물들에게 먹이를 주지 않겠다고 약속했습니다.

2. ① (want) 저는 혼자 가길 원합니다.

② (expect)

우리는 당신이 이곳에 10시에 도착할 것이라고 예상합니다.

③ (gave up)

저는 결국 운동할 시간이 없어 조깅을 포기했습니다.

④ (agreed)

저는 그들에게 제 자전거를 빌려주는 것에 동의했습니다.

3. ① I'd like(want) you to come with me.
② Don't forget to wear your helmet.
③ I've had enough food to eat.
④ It's difficult for me to remember all the places.

1. ① to enjoy   ② for
    ③ the only people

2. ① to play   ② to come
    ③ seem to be

CHAPTER **18** **Photography**

■ 어휘 쌓기

3. ① shoot   ② enhance   ③ adjust
    ④ choose   ⑤ having

■ 문법 체크

1. ① also   ② for   ③ yet   ④ because

2. ① (I) 어렸을 때 형과 저는 사진 찍는 것에 관심을 가지기 시작했습니다.

    ② (Get) 밖에 나가서 그가 당신을 찍게 하세요.

    ③ (research articles)
우리는 더 많이 조사하고 신문기사를 더 많이 읽기 시작했습니다.

    ④ (faster)
전문적인 장비는 언제나 입문 장비보다 더 좋고 빠릅니다.

3. ① 사진 찍는 것은 재미있지만 쉽진 않습니다.
    ② 며칠 전에 카메라를 고쳤어요. 하지만, 여전히 제대로 작동을 하지 않아요.
    ③ 매뉴얼이 있었어요. 그럼에도 불구하고, 우리는 매뉴얼을 읽지 않았어요.
    ④ 저는 사진을 잘 찍으려고 하지만, 아무도 제 사진을 좋아하지 않는 것 같아요.

4. ① We need both financial support and advice. 우리는 재정적 지원과 충고 둘 다 필요합니다.

    ② Financial support and advice are needed in this situation.
재정적 지원과 충고는 이 상황에서 필요합니다.

    ③ The software can not only add special effects to your pictures but also allow you to edit them easily.
그 소프트웨어는 당신이 찍은 사진에 특별한 효과를 추가해줄 뿐만 아니라 사진을 더 쉽게 편집할 수 있도록 합니다.

    ④ You can use both tools.
당신은 두 가지 도구 모두 사용할 수 있습니다.

■ 연습문제

1. ① (poorly → poor) 그 사진은 별로였지만 선명했습니다.

    ② (wants → want)
Luna와 Kelly는 그들의 사진을 서로 공유하길 원했습니다.

    ③ (was → were) 필터나 효과 그 어느 것도 소용 없었습니다.

    ④ (in Canada → Canada)
우리는 아름다운 장소를 찾기 위해 중국과 캐나다에 갔습니다.

2. ① (either) 저는 사진에서 적당한 빛을 포착할 수 없어요. 너무 밝거나 너무 어두워요.

    ② (yet) 기본적이고 간단한 자세지만 정말 멋지게 보입니다.

    ③ (Both) 양손은 땅 위에 두는 게 좋습니다.

    ④ (only, but) 그 웹사이트는 사진 찍기 시작하는 방법에 관한 팁을 제공할 뿐만 아니라 방문하기 좋은 장소 목록도 제공합니다.

3. ① It's an old tip but a good one.

    ② I'm going to buy either a camera or a smartphone.

    ③ I not only took a picture of the children but also posted it on SNS.

    ④ He's neither big nor tall.

1. ① both ② but ③ neither

2. ① but ② and ③ whether

CHAPTER **19** Walking

■ 어휘 쌓기

3. ① keep ② pay ③ prevent
④ benefit ⑤ boost

■ 문법 체크

1. ① I'll show <u>you</u> <u>what I mean</u>.
제가 의미하는 것을 당신에게 보여줄게요.

② Please tell <u>me</u> <u>what you want</u>.
당신이 원하는 바를 제게 말해주세요.

③ I know <u>that the best way to warm up is to</u>
<u>walk slowly</u>. 저는 준비운동으로 가장 좋은 방법이 천천히 걷
기라는 것을 알고 있어요.

④ I don't know <u>where I should start</u>.
저는 어디에서 시작해야 할지 모르겠어요.

2. ① (시간) 우리는 걸을 때 사색을 할 수 있습니다.
② (이유) 걷기는 많은 장점이 있기 때문에 매우 권장됩니다.
③ (조건) 만약 매일 적어도 30분을 걷는다면 당신은 더 건강해질 겁
니다.
④ (목적) 저는 돈을 아끼기 위해 직장까지 걸어갑니다.

3. ① I always dress lightly (절)
when I do physical activities. (절)
운동을 할 때 저는 언제나 옷을 가볍게 입습니다.

② Regular walking helps reduce the risk of
chronic illnesses. (절)
꾸준한 걷기 운동은 만성질환의 위험을 감소하는 데 도움을 줍니다.

③ I take some water in a small backpack (절)
when I go for long walks. (절)
저는 오래 걸어야 할 때는 작은 배낭 안에 물을 가지고 다닙니다.

④ It's important to stretch (절)
before going on a long walk. (구)
오래 걷기를 하기 전에 스트레칭 하는 것은 중요합니다.

4. ① (try, go – 2개)
저는 걷기 운동 전에 많은 물을 마시려고 노력합니다.

② (wear, walk – 2개)
걷기 운동을 할 때 우리는 보통 느슨하고 편안한 옷을 입습니다.

③ (said, is – 2개) 그 의사는 꾸준히 운동일지를 작성하는 것이
도움이 된다고 말했습니다.

④ (see, is – 2개) 신발에 문제가 있는지 알아볼게요.

■ 연습문제

1. ① (will get → gets)
그녀는 집에 가자마자 저녁을 먹으러 밖에 나갈 겁니다.

② (going → go)
저는 나갈 때마다 얼마나 많이 걷는지 기록합니다.

③ (if or not → if I should buy a pair of
running shoes, / whether or not I should
buy a pair of running shoes)
제가 러닝화를 사야 할지 말아야 할지 잘 모르겠습니다.

④ (All what → All that / What)
제가 바라는 것은 면역 기능의 향상입니다.

2. ① (that) 최근 연구에서 꾸준한 운동이 암에 걸릴 가능성을 감소시
킬 수 있다는 것을 보여주었습니다.

② (since) 이 아파트로 이사온 후로 저는 매일 아침 개와 산책을
합니다.

③ (When) 가족 중 누군가와 함께 걸으면 그 사람과 이야기하면서
편해질 수 있습니다.

④ (if) 만약 당신이 체중감량을 원한다면, 걷기 운동이 가장 간단한 방법입니다.

3. ① We found that walking can prevent dementia.

② As(When) you walk, you should pay attention to your posture.

③ I should have listened to what he said.

④ Unless it rains, please wear loose, comfortable clothing.

1. ① if　　② As far as　　③ that

2. ① that　　② while　　③ I'm concerned

CHAPTER **20** **Business trip**

■ 어휘 쌓기

3. ① turn　　② last　　③ disappeared
④ informed　　⑤ organized

■ 문법 체크

1. ① (행위자를 알 수 없음) 제 가방과 돈을 도둑 맞았어요.
② (the man behind me, 내 뒤에 있던 사람)
내 뒤에 있던 남자가 내 가방과 돈을 훔쳤어요.
③ (행위자를 알 수 없음) 문서를 즉시 복사해야만 해요.
④ (Yujoo, 유주) Yujoo는 즉시 이 문서를 복사해야 해요.

2. ① (4형식) 저는 아이들에게 영어를 가르치곤 했어요.
② (5형식) 우리는 그들에게 이메일을 보낼 것을 요청했어요.
③ (3형식) 바로 그때, 그녀는 길 건너편 가게를 보았어요.
④ (3형식) 그들은 약을 아이들의 손에 닿지 않는 곳에 두어야만 해요.

3. ① (과거진행) 그때 그 빌딩은 지어지고 있었습니다.
② (미래) 손님들은 연회에 초대받을 것입니다.
③ (현재) 모든 직원들은 유니폼을 입도록 되어있습니다.
④ (과거) 저는 그 뉴스를 들었을 때 놀랐습니다.

4. ① 그의 연설은 꽤 흥미로웠습니다.
② 우리는 그의 연설에 꽤 관심이 있었습니다.
③ 그 결과는 정말 놀라운 것이었습니다. (놀라움을 주었습니다.)
④ 저는 그 결과에 정말 놀랐습니다.

■ 연습문제

1. ① (is being debated)
그 쟁점은 지금 회의에서 논의되고 있습니다.
② (will be announced) 연구의 결과는 내일 발표될 것입니다.
③ (was held) 이전 회의는 2년 전에 개최되었습니다.
④ (be turned) 모든 영수증은 늦어도 월말까지 제출되어야만 합니다.

2. ① (from) 우리는 모든 일이 힘들어서 지쳐있었습니다.
② (with)
그곳에 있는 모든 참석자는 그 주제에 지루함을 느꼈습니다.
③ (for) 모든 것이 여행을 위해 준비되고 있었습니다.
④ (to) 저는 그가 말한 것에 반대했습니다.

3. ① Suddenly(All of sudden) the sun disappeared behind the cloud.
② After the meeting, I was getting tired.
③ Members are informed about the schedule of the conference.
④ The seminar should(must) be organized.

1. ① was told　　② being
③ should have been

2. ① was held　　② assigned
③ went